Olivier Mwenze

LE GRAND MOMENT DU DESTIN

Olivier Mwenze

LE GRAND MOMENT DU DESTIN

savoir prendre une décision

Éditions Vie

Imprint

Cover image: www.ingimage.com

Publisher:
Éditions Vie
is a trademark of
Dodo Books Indian Ocean Ltd., member of the OmniScriptum S.R.L Publishing group
str. A.Russo 15, of. 61, Chisinau-2068, Republic of Moldova Europe
Printed at: see last page
ISBN: 978-613-9-59045-2

L'auteur parle…

La vie est entièrement fait de choix, ainsi à chaque étape l'homme est censé effectué un choix, car les circonstances de la vie le pousse toujours à prendre positions dans tout ce qu'il aimerait entreprendre. Et donc le choix devient un dénominateur commun du présent ainsi que du futur, il est un élément identique de l'humanité entière et la décision en est son mode d'expression moyen par lequel il se manifeste.

A cet effet nous prenons multiple de décisions chaque jour, des plus simples aux plus complexes: quoi manger, quelles tâches faire en premier, quelle activité planifier, quel programme d'étude entreprendre, que faire comme travail, avec qui se marier... Nos choix résultent de notre pouvoir personnel et de notre liberté.

La capacité de faire des choix satisfaisants qui tiennent compte de nos besoins et de la réalité est un défi, qui n'est pas simple à relever. Pour certains, prendre une décision devient un véritable cauchemar: « ils tournent dans leur tête les différentes options et n'arrivent pas à se décider, paralysés par la peur de se tromper ou évitant tout simplement de faire des choix. »

Ce livre est un outil pratique qui a pour objet d'aider à d'éventuelles prises de position. Nous avons l'habitude de croire que nos réussites, nos instants de joie et de bonheur sont les moments clés de nos vies, mais souvent c'est là que le destin peut nous jouer des tours, chose qui fait partie des aléas de l'existence humaine. Ici il y a lieu de se poser intérieurement une question :

« Quel est réellement le grand moment dans la vie de l'homme ?

Pertinente est la question et nous essayons d'y répondre en nous basant sur la rationalité pour dire que ne sont pas toujours grands moments dans nos vies, tous ces instants de gaieté et de plaisir que nous vivons avec passion jour après jour car certains ont essentiellement été à la base de la ruine et la chute de plusieurs.

En revanche le grand moment de nos vies reste et demeure tous ces instants où nous sommes appelés, face à une situation donnée de notre vie ou un problème éventuel nécessitant une solution, à prendre des décisions.

En réalité dire « Grand Moment » revienne à dire « Moment D'impact » ou « Moment Capital», cette réflexion nous amène à sous-entendre que c'est devant une décision que le jeu se joue et c'est à cet instant considéré comme décisif que l'homme détient la clé lui permettant d'ouvrir ou de fermer et même d'indiquer la trajectoire ou l'itinéraire qui conduira sa vie dans l'avenir.

Grosso modo, le grand moment dans la vie d'un homme c'est lorsqu'il fait face au défi d'opter pour un choix ou une option à prendre chaque fois que l'intérêt l'exige. Tout au long du parcours de la vie, les instants ne sont pas tous les mêmes, ils s'effectuent tous comme un voyage contenant des moments forts et des moments de faiblesses qui ensemble nécessitent une manière d'agir directe, ferme et prompte.

En considérant la vie comme une bataille, il est toujours important de savoir le pourquoi du combat car nombreux d'entre nous vivent de manière instantanée et directe sans pour autant connaître le tracé de leur vie. Beaucoup n'ont pas une vision claire de leurs projets, la plupart vivent en fonction des proches et de tous ceux qui les entoure de loin ou de près.

Chaque être humain est né libre et tout être est né avec un but comme qui dirait un logiciel informatique qui, d'une manière spécifique et déterminée, a un objectif précis à atteindre. Dans la mesure où chaque homme est une clé, un potentiel vivant pouvant être capable d'innover et même de changer les circonstances de difficultés en facilités.

Dieu n'a pas créé et envoyé l'homme en vain, sans aucun potentiel sur la terre puisque c'est un investisseur et cela revient à dire qu'il n'existe pas d'homme sans atouts ici-bas. Agissant ainsi pour s'identifier à sa créature, l'homme. Il a déposé dans chacun une portion de capacités afin de les déployer devant un problème donné auquel il serait confronté.

De part cette façon de voir les choses, vivre sa vie en fonction des autres est une manière d'empêcher l'explosion du potentiel que Dieu a mis en nous. C'est en fait une façon de tuer à petit feu son propre destin, tu ne peux vivre la vie d'un autre car tu es une pièce rare avec un rôle spécifique à jouer. Tu es une solution face à un problème dans le monde.

Puisqu'on suppose que Dieu agit parfois par le truchement de toutes ces personnes que lui-même place à nos côtés. Il est toujours bon de prélever les bonnes qualités à celles qui constituent un modèle de référence pour nous. En revanche, vouloir vivre comme l'autre est le début de la chute car en vivant comme lui on finit par se dénaturer et s'écarter petit à petit du plan de Dieu pour nos vies.

L'acceptation de vivre sa propre vie telle que Dieu la planifié est en fait un moyen de répondre à l'appel de la prise de DÉCISIONS dans le parcours de sa destinée durant toute sa vie sur terre.

Plusieurs se défilent face à une décision à prendre dans leur vie et veulent brûler des étapes pour directement atteindre sans efforts la réussite et le succès, tout en ignorant qu'en réalité une réussite a pour soubassement une bonne préparation.

Ainsi donc lorsque tu vis en fonction de ce que Dieu a prévu pour toi, il te donnera la capacité de prendre de bonnes décisions au bon moment et au bon endroit. Vouloir vivre sa vie comme quelqu'un d'autre est en réalité un aveu de faiblesse face à la résolution d'avoir confiance en soi.

Derrière chaque décision est caché un grand boulevard qui mène vers le succès ou l'échec de sa vie. Décider n'est pas juste le fait d'avoir une position quelconque devant un problème ou une situation donnée.

Dans cette optique nous comprenons que toute décision est un moyen d'ouvrir une porte, bonne ou mauvaise, devant soi car qui prend une décision s'attend à des conséquences dont la nature est incertaine. Aucun être humain ne peut vivre sans opérer des choix. Nous y sommes donc toujours appelés sur notre chemin. « Décider est un appel divin. »

Celui qui refuse de prendre des décisions pour sa vie ouvre une brèche aux autres de pouvoir décider à sa place, et c'est une occasion qu'a une personne de pourvoir ouvrir ou fermer une porte qui peut être bonne ou mauvaise dans la vie de celui-ci. Évitons d'être de ceux qui reculent devant l'adversité car le vide n'existe pas là où tu n'as pas tranché, ton entourage ou les événements trancheront à ta place. Personne d'autre n'est mieux placé que toi-même, propriétaire de ta vie, à prendre une décision car tu es le seul à pouvoir mieux analyser le défi qui se présente à toi.

Pourquoi penses-tu que les autres sont mieux placés et mieux équipés pour décider à ta place et ce au sujet ta propre vie ?

C'est une erreur que nous commettons car même Dieu ne décide pas à notre place, en revanche il nous suggère [1]juste de choisir le bon côté de chose.

Dans toute sa gloire et sa majesté, le créateur a conçu l'homme et lui a donné une voie qui peut à cet effet être un assemblage de plusieurs chemins différents. Décider représente un moyen de se positionner sur l'un de ces chemins.

En réalité la réussite dans la vie est avant tout basée sur les différentes décisions prises antérieurement. Un diplôme, une médaille ou tout autre titre de couronnement n'est qu'une des conséquences d'une décision prise. Beaucoup aujourd'hui se voient élevés en dignité suite simplement à un « OUI » ou à un « NON » qu'ils auraient donné lors d'une résolution capitale et déterminante à prendre dans leur vie.

En effet, Dieu ne voit pas les hommes de la même manière qu'ils se voient eux-mêmes. Les gens traduisent la réussite par leurs médailles, trophées, diplômes obtenus, cependant Dieu lui détermine la probabilité de réussite dans la vie d'un homme par sa capacité à prendre les bonnes décisions.

Et donc pour le Seigneur, un véritable champion est celui qui prend de très bonnes décisions quand et où il le faut, car il est dit dans la sainte écriture « choisis donc la vie, afin que tu vives, toi et ta postérité »...Le succès et la réussite se cachent derrière un bon choix.

1 Deutéronome 30-19

Ainsi c'est dans le processus décisionnel que la réussite et l'échec naissent, par conséquent l'un ou l'autre n'arrive pas le jour où tu le constate réellement dans ta vie mais ils s'y introduisent le jour où tu as eu à te décider. Réussir et échouer ne sont que les fruits d'une alternative prise, raison pour laquelle le grand moment dans nos vies est bel et bien tous les instants auxquels nous sommes conviés à une décision car c'est effectivement ceux-ci qui peuvent propulser au plus loin toute une vie pour un certain moment ou encore la bloquer pour toute l'éternité. Une décision est un couteau à double tranchant dans une vie.

Olivier mwenze

L'auteur

1 .APERÇU ET MISE CONTEXTE D'UNE DÉCISION

La decision est le fait d'un acteur ou d'un ensemble plus ou moins cohérent d'acteurs qui effectue un choix entre plusieurs solutions susceptibles de résoudre le problème, ou la D'une manière générale, la décision est l'action de l'esprit qui décide quelque chose ou se décide après délibération individuelle ou collective.

- *En psychologie*

La décision est l'action volontaire et réfléchie de l'esprit qui se détermine à l'occasion d'un choix d'une des issues au terme d'un processus de deliberation.

- *En Droit Administratifs.*

La décision est une disposition arrêtée par une autorité compétente collégiale ou unique, après délibération, ou une instruction de service émanant d'une autorité hiérarchique (par ex: militaire).

- *En économie.*

Les micro ou macro decisions correspondent aux décisions prises par des agents économiques simples ou complexes.

Dis moi quelles sont les décisions que tu prends, je te dirais où aboutira ton parcours !

- *En stratégie*

  La decision est d'abord un courage opposé constamment aux détracteurs, appliqué à une situation d'incertitude, se révélant perspicace dans la capacité à anticiper et réactualisé constamment pour s'adapter aux aléas de l'adversité.

« La décision peut également désigner une disposition de l'esprit: l'esprit de décision est la qualité d'une personne qui sait rapidement prendre parti et ne revient pas sans motif valable sur ce qu'elle a décidé. Ce peut être aussi la fermeté de caractère d'une personne qui sait prendre et assumer des choix difficiles ».

A. La prise D'une Décision.

est un processus cognitive complexe, différent de la réaction instinctive et immédiate, visant à la sélection d'un type d'action parmi différentes alternatives. Ce processus est théoriquement basé sur des critères de choix, et sur une analyse des enjeux et des options et conduit à un choix final. Le résultat peut être une action ou une opinion d'un choix.

Le décideur peut être une personne autonome, ou une entité multiple telle qu'un couple, une famille, un conseil d'administration, une collectivité on parle ainsi de décideur public, de decision juridique.

La prise de decision au sens le plus large, la notion de prise de décision peut concerner tout organisme vivant doté d'un système nerveux . Ce processus est activé lorsque nous ressentons le besoin d'agir sans savoir comment diriger notre action ou face à plusieurs choix. Il s'agit d'une méthode de raisonnement pouvant s'appuyer sur des arguments rationnels, et qui peut éventuellement conduire à une non-décision ou un report (argumenté) de décision.

Préférer s'en remettre au hasard (tirer à pile ou face) peut aussi résulter d'une prise de décision. La prise de décision se voulant rationnelle est un aspect essentiel de certaines professions scientifiques, médicales, militaires et techniques, où une mauvaise décision peut conduire par exemple à un accident, à une guerre, une catastrophe ou à la mort d'un patient.

Le secteur médical appuie ainsi la prise de décision sur des protocoles de diagnostic (par exemple pour la prescription d'un traitement ou d'une operation chirurgicale ; avec possibilité pour des médecins de prendre une decision collective , par plusieurs médecins, une équipe soignante ou un groupe éventuellement pluridisciplinaire). Pour ce qui nous concerne c'est dans un angle totalement spiritual que nous allons examine la decision.

B.

La genèse.

Qu'est-ce qui a empêché Caïn de prendre la bonne décision, et quel en a été le résultat ? Caïn s'est trouvé face à un choix : avoir la maîtrise de soi ou laisser ses pulsions commander ses actions. Quelle que fut sa décision, elle aurait eu des conséquences sur le reste de sa vie.

Sa décision et l'acte qui en a découlé ont coûté la vie à son frère [2]Abel et ont gâché sa relation avec son Créateur.

Pourquoi est-ce si important de savoir prendre de sages décisions ?

Nous avons nous aussi des choix à faire et des décisions à prendre. Il ne s'agit pas toujours d'une question de vie ou de mort. Mais beaucoup de ces décisions peuvent influencer une part de nous. C'est pourquoi la capacité à bien décider peut nous valoir une existence relativement calme et paisible, plutôt qu'une vie chaotique, [3]pleine de controverses et de déceptions.

[2] Gen. 4,3-16
[3] Prov. 14-8

Pour prendre de sages décisions, en qui et en quoi devons-nous avoir foi ? Qu'est-ce qui nous aidera à prendre de sages décisions ?

Il nous faut avoir foi en Dieu, ne pas douter qu'il veut et peut nous accorder la sagesse. Nous devons aussi avoir foi en sa parole et en ses méthodes[4], nous fier à ses conseils inspirés. En nous approchant de Dieu et en aimant sa parole, nous en venons à faire confiance à son jugement. En conséquence, ayons l'habitude de consulter la parole de Dieu avant de prendre des décisions.

C.

La portée Spirituel D'une décision.

La porte spirituelle d'une décision est celle qui influence d'une manière instantanée le temps et les circonstances jusqu'à la matérialisation physique du contenu de la décision.

Dans toute chose c'est le spirituel qui tient et engendre le physique. Ainsi décider est tout d'abord une affaire spirituelle, et tout celui qui prend une décision déclenche au même moment un processus spirituel qui va aboutir à la concrétisation du choix opté dans la décision prise.

Plusieurs personnes se limitent à croire que décider est tout simplement une affaire physique, et pourtant c'est la porte spirituelle qui donne naissance à toutes les retombées positives ou négatives de ladite décision.

Les saintes écritures nous enseignent en disant que « les [5]choses visibles tirent leur source du monde invisible ou spirituel » et donc chaque fois qu'une personne prend une décision, cela a premièrement de l'impact dans le spirituel lieu qui donne naissance à toute chose, ensuite un travail spirituel d'accomplissement commence pour la réalisation de ladite décision.

4 Jacques 1,5-8
2 Hébreux 11-3

Pour se faire le décideur devrait déclarer d'une façon continuelle des paroles puissantes et efficaces en mesure d'influencer le temps et la circonstance en faveur de la décision voulue. Chose qui se transforme en force créatrice par le SAINT-ESPRIT, pour finalement matérialiser physiquement l'objet même de la décision. Tout part de l'immatériel au matériel.

D.

Que Représente Une décision Pour Dieu.

Dieu considère la décision comme un véritable moyen pouvant permettre à jauger le sens des responsabilités d'un homme devant d'éventuels problèmes ou circonstances difficiles qui lui arrivent. Mais c'est également un moyen lui permettant de réaliser si l'homme tient réellement à lui.

Ainsi Dieu ne peut pas prendre une décision à notre place si ce n'est que nous recommander et nous suggérer un meilleur choix à faire.

Le fait que l'homme prenne ses décisions tout seul, de façon isolé, est un indicateur qui nous permet de cerner combien le créateur n'est pas un tyran moins encore un dictateur qui nous impose son choix unilatéralement.

En revanche il nous considère comme ses collaborateurs à qui il a donné le droit et la compétence de décider personnellement si l'intérêt l'exige.

Dans toute sa gloire et sa majesté il se garde de pourvoir décider à notre place et veut que l'homme prenne lui-même des décisions. Et cette façon de faire peut dans une certaine mesure être considérée comme un signal fort de confiance permanent dont Dieu prouve à l'égard de l'homme, sa créature. Et aimerais que l'homme soit personnellement responsable de ses propres actes et décision.

Préalablement, prendre une décision est avant tout un attribut de Dieu puisqu'en effet c'est à lui que revient tous les choix de nos vies par le simple fait qu'il est notre géniteur et notre source.

A ce fait, l'homme prend des décisions sur la vie qu'il a reçue de son créateur et celle-ci est également un moyen parmi tant d'autres que Dieu utilise pour réaliser tout ce qu'il veut. Personne et rien ne peut l'en empêcher. La bible dit : « le [6]fils ne peut rien faire de Lui-même, il ne fait que ce qu'il voit faire au père... »

Prends une décision et fais comme Dieu qui est la source de toute chose. En revanche, il est important de souligner que, bien que Dieu ne s'ingère pas à prendre notre place pour décider, il est pour nous un véritable coach se trouvant près de nous pour nous suggérer, recommander et même nous montrer le bon choix à prendre.

Par ailleurs le caractère souverain de Dieu qui est fort, au point qu'il peut décider d'une manière unilatérale s'il veut à la place de l'homme car rien ne peut le limiter si ce n'est que sa propre parole.

Il y a toujours dans nos vies des décisions lourdes et difficiles à prendre. Du coup elles nécessitent plus de réflexion, de prière et de concentration choses qui peuvent prendre du temps. Pour certains, dans le cadre du mariage par exemple, ils s'agiraient de décider s'ils devraient se marier ou pas et surtout avec qui.

Pour d'autres c'est dans un cadre ecclésiastique et ils seraient pour eux question de pourvoir décider, si c'est un service à plein temps qu'il faudrait choisir au sein de leurs églises et services. Et donc il est évident que dans la vie certaines décisions sont plus exigeantes que d'autres et que cela varie selon différents domaine de la vie. Et c'est dans cette perspective qu'il est important d'être convaincus par Dieu, lui qui nous fournit des[7] conseils pour pouvoir décider.

Il est capital d'avoir pour guide et référence les saintes écritures et surtout d'éviter toute distraction qui pourrait nous désorienter du but poursuivi. Il faut savoir également que le Seigneur Jésus-Christ est en mesure de nous donner des capacités requises et nécessaires pour prendre des décisions conformes à sa volonté.

---

6 Jean 5-19
7 Prov. 1-5

Ainsi face à tes multiples décisions, il est important de te demander :

Mon choix témoignera-t-il de mon amour pour Dieu ?

Contribuera-t-il à la joie et à la paix de ma famille ? Et montrera-t-il que je suis patient et bon ? Dieu ne nous force pas à l'aimer ni à le servir. C'est notre choix, il nous a donné le libre arbitre, il respecte notre liberté et notre droit de « choisir » pour [8]le servir ou non.

Toute de même Il s'attend à ce que nous agissions selon ses prescriptions. A priori si nous avons la foi en Dieu et en ses principes, nous prendrons des décisions sages[9] dans toutes nos voies. Laisser l'opportunité à l'homme de décider, c'est lui donner l'occasion d'indiquer la trajectoire que prendra sa destinée.

E.

Décider Fait partie De la vie.

Quel choix Adam a-t-il dû faire ? Quelles ont été les conséquences de sa décision ? Depuis le début de l'humanité, les hommes et les femmes doivent prendre des décisions importantes. Adam a dû choisir entre écouter son Créateur et écouter Ève.

Il n'était pas réticent à décider, mais que penses-tu de sa décision ? Influencé par sa femme, qui avait été dupée, il a fait un choix extrêmement mauvais qui lui a coûté le bannissement du jardin d'Eden. Ce n'est pas tout, aujourd'hui encore nous subissons les conséquences de sa terrible décision. Que devons-nous penser du fait qu'il nous faut prendre des décisions ?

8 Jos. 24,15 ; Eccl. 5,4
9 Jacq. 1,5-8

Certains pensent peut-être que la vie serait plus agréable si nous n'avions pas à prendre de décision. Est-ce aussi ton avis ?

Souviens-toi que Notre Dieu n'a pas créé les humains comme des animaux, incapables de réfléchir et de choisir. La Bible nous enseigne comment bien décider. Si Dieu veut que nous prenions des décisions, ce n'est pas pour nous nuire. Quel choix les Israélites avaient-ils ? Réfléchis aux exemples qui suivent.

Une fois installés en terre promise, les Israélites se sont trouvés face à un choix crucial : adorer Dieu ou servir[10] d'autres dieux. La décision pouvait sembler simple mais c'était en réalité une question de vie ou de mort. À maintes reprises à l'époque des juges, les Israélites ont fait le mauvais choix. Ils se sont détournés de Dieu pour adorer[11] des faux dieux.

Plus tard, ils ont dû choisir entre deux possibilités, clairement exposées par le prophète Elie : servir Dieu ou servir le [12]faux dieu Baal. Elie a réprimandé le peuple pour son indécision. Tu penses peut-être que le choix était simple, puisqu'il est toujours sage et bénéfique de servir Dieu.

Aucune personne sensée n'aurait été attirée par Baal ou s'y serait attachée. Pourtant, ces israélites doutaient sur deux opinions «différentes ». Avec sagesse, Elie les a exhortés à choisir le bon chemin, celui de Dieu. Pourquoi les israélites avaient-ils tant de mal à prendre une décision sage ? Premièrement, ils avaient perdu foi en Dieu et refusaient de l'écouter.

Ils n'avaient pas acquis le fondement qu'est la connaissance exacte et la sagesse divine, ni placé leur confiance en Dieu. S'ils avaient agis selon la connaissance exacte, ils auraient pris des [13]décisions sages.

Deuxièmement, ils avaient laissé d'autres personnes déteindre sur eux et même décider à leur place. Les habitants du pays qui n'adoraient pas Dieu ont influencé leur raisonnement et les israélites ont suivi cette « foule » païenne. Pourtant, Longtemps auparavant, Dieu les avait avertis [14]d'un tel danger.

10 Josué 24-15
11 Juges 2 3, 11-23
12 1Rois 18-21
13 Ps. 25-12
14 Ex. 23,2.

. .

Faut-il laisser l'entourage décider A notre place.

Quelle leçon importante retenir de l'histoire d'Israël ? Les exemples ci-dessus nous en donnent un aperçu clair. Il appartient à chacun de prendre des précautions, en se basant sur une connaissance solide de la Bible.

Nous rappelle [15]que chacun devrait apprendre ce qui est bien aux yeux de Dieu et choisir de le faire. Pourquoi est-il dangereux de laisser les autres décider à notre place ? Comment pourrions-nous éviter de tomber dans le piège ?

L'influence du groupe[16] pourrait nous amener à prendre une mauvaise décision. Toutefois, quelle que soit l'influence, nous devons suivre notre conscience éduquée par les saintes écritures. Est-ce que laisser les autres décider à notre place peut s'avérer dangereux ? Contre quoi Paul a-t-il dû mettre en garde les Galates?

L'apôtre Paul a clairement mis en garde les Galates contre le danger de laisser les autres prendre[17] des décisions pour eux. Certains membres de la congrégation voulaient faire des choix à la place des autres pour les éloigner des apôtres. Ceci dû au fait que certains individus égoïstes recherchaient une position en vue. Outrepassant les limites, ils ne respectaient pas la responsabilité de prendre leurs propres résolutions de leurs compagnons chrétiens.

Comment aider les autres lorsqu'ils doivent prendre des décisions personnelles ?

Paul a donné un bel exemple pour ce qui est de respecter le droit de ses [18]frères à la liberté de décision. Aujourd'hui, lorsqu'ils prodiguent des conseils sur des questions de choix personnels, les anciens doivent limiter.

15 Galates 6-5
16 Prov. 1,10-15
17 Galates 4,17
18 2 Corinthiens 1:24

Même s'ils communiquent volontiers à un compagnon chrétien des renseignements bibliques, ils veillent à le laisser opérer ses propres choix. Cette façon de faire est raisonnable, car c'est lui qui en assumera les conséquences. Nous pouvons aider les autres en attirant leur attention sur des principes ou des conseils bibliques.

Toutefois, ils ont le droit et la responsabilité de décider par eux-mêmes. Et leurs bonnes décisions leur valent des bienfaits. À l'évidence, nous devons rejeter toute tendance à nous sentir autorisés à décider pour nos frères et sœurs.

2. Dieu et Ces Décisions

Dans ce second point nous allons essentiellement nous inspirer de la manière dont Dieu procède pour prendre ses décisions avec comme outils, les saintes écritures bibliques et surtout par la lumière du Saint-Esprit qui sait sonder les profondeurs de Dieu.

Le créateur notre Dieu est un modèle, un véritable modèle alors. Un modèle par excellence que nous devons suffisamment imiter et suivre à chaque étape de notre destinée afin de bien lui ressembler c'est-à-dire être transformés en la même image que lui.

Nous pouvons imiter Dieu dans tout ce que nous faisons puisque lui-même a dit : « soyez mes imitateurs ». En plus, sa façon de faire constitue pour nous un véritable chemin de vie déjà tracé dans nos cœurs. Cependant, dans la plupart des cas il a toujours été écarté comme modèle dans la marche du destin.

Plusieurs personnes ont figé et limité Dieu dans un cercle vicieux habituel et bien défini, en croyant que le Seigneur est uniquement celui auprès de qui nous nous adressons pour toujours demander des choses. Certes, il est vrai que c'est à lui que nous devons demander tout ce que nous désirons mais dans tout cela, le mieux serait de chercher à faire et à marcher comme lui. Dieu n'est pas qu'un récepteur de nos prières et supplications, il n'est pas que celui qui combat pour nous, qui nous purifie, bien plus il est tout. Dieu est multifonctionnel et donc nous ne devons pas réduire ou raccourcir son champ d'action dans nos vies.

Il serait pour nous très utile d'arrêter tout à un moment et réfléchir en se disant : « j'observe Dieu au travers de sa parole, par la lumière du Saint-Esprit, dans le but de bien cerner sa manière de faire ainsi que de fonctionner ».

Car la bible dit : « le fils ne[19] peut rien faire de lui-même, il ne fait que ce qu'il voit faire du père ». Comme pour dire que notre principe de référence c'est Dieu et outre mesure, il serait mieux de considérer Dieu comme un coach.

A.

La fermeté.

Dieu est la personne la plus ferme, dans sa façon d'être, qui puisse exister. C'est un véritable décideur, il demeure inchangé dans ses choix quel que soit le moment, le temps ainsi que la circonstance.

Fort surprenant, Dieu dans toute sa puissance est resté inchangé et ferme même devant la souffrance de son fils unique. Il a sans doute été témoin du théâtre de la souffrance atroce de celui-ci qui a été battu, humilié et qui s'est même fait cracher dessus à l'exemple d'un criminel.

Cependant, sa réaction et son comportement sont étonnants car à la différence des autres, Dieu est resté constant dans la décision prise, celle de sacrifier son fils dans le but de pouvoir sauver l'humanité toute entière. C'est par une mort atroce et humiliante, celle de la croix, qu'il a décidé de faire passer son fils.

C'est merveilleux de s'imaginer combien Dieu est resté ferme et persévérant dans une vieille décision qu'univers, qui en fait date depuis fondation du monde dans l'éternité, en dehors du temps, ce qui s'est finalement matérialisé

19 jean 5-19

Dans le temps sur la croix de Golgotha. Et même quand son fils lui demandait de l'éloigner de la coupe de souffrance sur son chemin, le Seigneur de gloire est resté catégorique, il n'a rien changé bien que qu'il a certes lui-même fortifié son fils afin qu'il accomplisse sa mission, celle de mourir sur la croix.

Tout ceci pour nous enseigner et nous faire comprendre qu'en principe, un décideur est celui ou celle qui doit apprendre à être ferme dans ses décisions quelles que soient les circonstances et l'adversité qui pourrait découler de son entourage, avec pour but de l'influencer et le pousser à revenir sur ses pas afin de lui faire changer la résolution prise.

En réalité, revenir sur la parole donnée n'est pas une si mauvaise initiative. En revanche dans une certaine mesure, cela pourrait être un signe de manque de responsabilités avéré et même plus, d'immaturité. Raison pour laquelle il est important que celui qui décide acquiert un caractère de fer, une forte personnalité lui permettant ainsi à demeurer ferme et constant dans sa décision même lorsque celle-ci pourrait donner naissance à une souffrance insupportable.

Une circonstance douloureuse, de souffrances ou tout autre facteur positif comme négatif pouvant dégénérer par une décision, ne doivent en rien influencer le décideur à faire marche-arrière afin de changer sa décision. Puisqu'en fait la douleur ressentie lors de la prise d'une résolution ne peut se mesurer qu'à la portée et à l'impact quelle procurera dans le destin du décideur.

Par conséquent, si Dieu avait tenu compte de la souffrance que son fils éprouvait sur la croix, le monde entier n'aurait jamais été sauvé et devenir ce qu'il est aujourd'hui. Ceci pour dire que dans une autre appréhension des choses, tous les supplices que Jésus- Christ avait pu ressentir sur le bois infâme à Golgotha, ne seraient pas comparables à la portée et au prix de toutes les âmes du monde que Dieu voulait racheter depuis les temps anciens.

Décidemment la fermeté demeure un élément essentiel permettant ainsi à un décideur de garder inchangé le choix effectué sans aucune ombre de variation dans ses pensées.

Dans cette ordres d'idées plusieurs personnes deviennent de moins en moins ferme face à leur décision avec des divers raisons avancés, dans la plupart des cas les émotions, les sentiments, les plaisirs, les envie, les passions sont à la base de ce recule dans le chef du décideur qui devient incapable d'être ferme.

A savoir, la douleur est capable d'empêcher le décideur à prendre une bonne décision et également, l'influencer à changer, chose qui peut nuire à la personne qui décide. En revanche il ne faut pas oublier qu'il est question d'un être humain et qu'il faut tenir compte de ses sentiments et de ses émotions et que ceux-ci peuvent altérer la décision de quelqu'un et pourrait désorienter celui-ci.

Dans la vie, lorsque l'intérêt l'exige il est de principe de savoir opter sur une résolution avec les conséquences qui en découlent. Si l'intérêt l'exige n'hésitez pas. Conséquemment nous devons savoir distinguer les choses.

Dans la vie, toutes les décisions ne seront pas toujours faciles à prendre, certaines décisions sont accompagnées des larmes, des pleurs, des regrets et d'amertumes en dépit de tout ça il est important d'être décisif.

Il est utile de souligner que nous ne devons pas décider en fonction de nos émotions ou de nos sentiments. Cependant, la qualité d'une décision ne se jauge pas en fonction des différents effets négatifs ou positifs qu'elle pourrait engendrer après qu'elle soit prise, par contre c'est sa capacité à pouvoir orienter le décideur dans la bonne direction du destin selon que Dieu la prévue.

Dans la vie toutes les décisions à prendre n'ont pas les mêmes portées et les mêmes impactes, certaines seront accompagnées de moquerie parfois même de mécontentement de la part de l'entourage.

Autant mieux pour nous d'ouvrir notre esprit afin de comprendre que les décisions facile à prendre ne sont pas toujours les plus simples à assumer dans l'avenir. Et donc un bon décideur est celui qui ne doit pas tenir compte des effets ou encore des plaisirs qui pourraient découler d'une décision. Par ailleurs il doit s'intéresser sur l'impact et les conséquences qu'aurait cette décision dans sa vie.

La fermeté est un parapluie une couverture, un imperméable absolue qui protège les décideurs de divers effets tant que positifs que négatifs découlant d'une décision susceptible à l'influencer pour revenir sur sa décision.

Le manque de fermeté est à la base de la désorientation de nombreux d'entre nous pour la plupart des cas, ce manque peut pousser le décideur, lui-même, à changer sa propre décision pour adopter celle de son entourage.

Par exemple: Face à la filière universitaire, beaucoup de personnes n'arrive pas à faire valoir leur décision auprès de leur tuteur par manque de fermeté, ils se laissent influencer et optent pour une faculté qu'ils ne choisissent pas de leur propre chef, de ce fait ils n'étudient pas avec amour mais plutôt pour faire plaisir à leurs parents ou tuteurs à cause du manque de fermeté.

C'est regrettable d'avoir à changer sa décision au moment où elle était la meilleure option et surtout vivre sa vie en fonction de la close et de la décision des autres. C'est exactement ce qui dérange le plus dans ce genre de situations.

Raison pour laquelle il est généralement conseillé à un décideur de réfléchir plusieurs fois avant de prendre une éventuelle décision afin que celui-ci n'y revienne pas constamment, chose qui sous-entend une forte personnalité et une stabilité émotionnelle.

Généralement, le manque de fermeté est issu d'un désaccord, d'une désharmonie présente dans le chef du décideur c'est-à-dire un individu qui n'est pas en cohésion avec sa propre personne. Dans cette perspective le manque de fermeté face à une décision mène à une influence intérieure et extérieure.

2. a **Influence intérieure.**

Elle est interne lorsque le décideur lui-même veut changer sa propre décision d'une manière unilatérale suite à un détail important dont il n'a pas tenu compte par inadvertance, avant de prendre la décision.

Et donc le manque de souplesse d'esprit et l'inattention peuvent influencer un décideur à revenir sur sa décision et la changer. Ainsi le décideur peut rapidement remarquer qu'il a mal décidé et il serait normalement obligé de revenir sur ses pas, question de bien recadrer sa décision. Comme on dit : « vaut mieux tard que jamais » et surtout l'erreur est humaine. Habituellement il nous arrive de prendre des décisions tout en ignorant des éléments importants et conditionnels à la prise de décision.

Étant donné que certains détails circonstanciels nous échappent souvent dans la vie, il est recommandé de revenir sur sa décision pour l'arranger sans avoir honte. En tant qu'humain certains éléments nous échappent toujours.

Il serait important de souligner que même lorsque les raisons peuvent être fondées et valables en vue de revenir sur une décision et la changer, nous devons aussi savoir qu'à cet effet, c'est l'image du décideur qui est exposée car revenir sur ses décisions donne souvent une mauvaise impression de la personne qui décide d'abord ainsi que celle de ses proches.

En plus, la mauvaise impression qu'un décideur pourrait donner en changeant sa position entraine également la naissance d'effets collatéraux qui peuvent se montrer néfastes et causer des problèmes au décideur ainsi qu'aux personnes concernées par ladite décision.

Par un exemple, un homme ou une femme qui se décide d'être en couple pour une relation dite amoureuse, devrait être conscient et conséquent des actes qu'il ou quelle pose du fait que sa relation touche aussi la réputation de sa famille.

Quoique dans une certaine mesure, changer de décision peut-être la meilleure chose à faire et un bon chemin à suivre face à une circonstance donnée. En revanche le fait de changer de décision en fonction du statut de l'autre partenaire pourrait créer de lourds dégâts émotionnels.

Bref, cela peut dans certains cas, détruire la vie de l'autre. Raison pour laquelle il est toujours conseiller de « tourner sept fois sa langue avant de parler **»**. Dans notre concept on peut comprendre par-là qu'il faut réfléchir et analyser à plusieurs reprises les circonstances et prendre son temps avant de décider. Etre un vrai décideur c'est savoir gérer le temps et les circonstances qu'elles soient favorables ou pas. Par exemple, dans certains tel que les milieux public, il n'est pas recommandé de prendre une décision à chaud. Quand nous sommes en public ou qu'une circonstance arrive à l'improviste, il est conseillé de ne pas se décider immédiatement mais plutôt de se calmer, réfléchir suffisamment et analyser la situation en question pour éviter de prendre la mauvaise décision.

Le comble c'est lorsque le manque de fermeté dans le chef d'un décideur réduit à petit feu la croissance ainsi que la confiance de son entourage, car le vécu quotidien saura déjà que ce dernier ne reste jamais ferme dans les moments décisifs et qu'il revient à généralement sur ses décisions.

Par conséquent, ses proches douteront toujours de lui-même s'il prend une bonne décision. Tout ceci est dû au fait du manque de fermeté, démontré plus haut, de la part des proches qui pensent que le décideur reviendra sur sa décision une fois de plus.

La conséquence finale de tout ceci sera que l'entourage (les parents, la famille, les amis, les collègues de service) du décideur sera prêt à prendre une initiative décisionnelle en son nom, à chaque fois que l'occasion se présentera. Ainsi il voudra choisir pour lui sous prétexte que ce dernier ne sera pas stable et ferme dans ses décisions.

2. b

Influence intérieure.

Un décideur peut également être victime d'une forte influence externe avec pour but d'altérer son jugement afin qu'il revienne sur sa décision. Principalement c'est l'environnement proche du décideur : les amis(es), les connaissances, la famille ou toute autre fréquentation, qui pourrait exercer d'une manière instantanée et habituelle, une pression sur ce dernier avec comme objectif de lui faire changer de décision.

Plusieurs d'entre nous se sentent complètement embarrassés dans ce genre de situations, et bien plus l'entourage qui est censé être notre repère et soutien ne croit pas en nos décisions, exerce sur nous une pression et veut que sa volonté constitue une parole d'évangile dans notre prise de décisions. Il veut en fait décider à sa manière et selon ses exigences.

« Certains sont contraints d'accepter une filière universitaire qu'ils n'approuvent pas ,d'autres sont obligés d'être en couple avec des partenaires qu'ils ne désirent pas ,D'autres encore sont même obligés à changer d'église».

Bref tout décideur peut rencontrer sur son chemin des avis contraires à sa façon de voir les choses, il peut également faire face à une pression intense de la part de son milieu. Comment un décideur pourrait-il faire à une pression extérieure qui le pousse à changer une décision prise ?

En définitive, chacun de nous vit sa vie et chacun est libre d'opérer ses propres choix en prenant des décisions de la manière dont il le veut. Ainsi, le décideur est totalement libre puisqu'il est le seul maître de sa vie, ce qui lui donne cette prérogative de décider comme il le sent.

D'où personne n'est mieux placée que le décideur pour faire l'opposé de ses propres résolutions. Si Dieu lui-même respecte les choix de l'homme, celui qui s'oppose à une décision sans proposer d'autres résolutions, n'a en principe aucun respect, aucune considération à l'endroit du décideur. Tout décideur doit donc apprendre à faire respecter ses décisions auprès des personnes qui l'entourent, par un esprit de fermeté nonobstant toute pression externe qui pourrait contredire cette résolution.

Permettre à notre environnement de décider pour nous ou encore le laisser nous influencer, sous-entend un manque de confiance en soi, chose qui n'est pas bonne et qui n'est pas recommandée.

En tout état de cause, il serait vrai d'affirmer que certaines pressions extérieures sont très lourdes et fortes à tel point que le décideur peut, dans une chute émotionnelle, finir par craquer et changer de décision. Raison pour laquelle, il est toujours important de savoir demander la force de résister à toute pression interne ou externe au SAINT-ESPRIT, lui notre encadreur par excellence, pour qu'il nous vienne en aide afin de résister contre toute menace. Les saintes écritures nous informent en disant: « Mais le peuple[20] de ceux qui connaitront leur Dieu agiront avec fermeté. »

Ainsi donc la notion de fermeté est intimement liée à la connaissance de Dieu dans sa vie. Le décideur devrait recourir à Dieu pour être ferme dans toutes les éventuelles décisions à prendre. C'est auprès de Dieu que nous pouvons acquérir un fort caractère pour demeurer ferme, étant donné que le SAINT-ESPRIT est l'enseignant par excellence, comme un coach, il est présent dans nos vies pour nous transformer afin que nous devenions conformes et identiques à l'image de Jésus-Christ.

La connaissance de Dieu n'influencera pas simplement notre âme et notre esprit, mais celle-ci te rendra capable de te battre et de forger ta personnalité sur des bases solides afin d'être ferme dans toutes nos entreprises. A savoir, une personne ferme est celle qui ne tremble pas, qui ne faiblit pas mais qui manifeste plutôt de l'assurance dans tous ses actes.

Un bon décideur ne doit pas avoir peur de prendre une décision et même lorsqu'il l'aurait déjà prise, il doit la maintenir à ses risques et périls, peu importe la pression du fait qu'il demeure le seul et unique maitre de sa vie par conséquent rien ne peut le bouleverser. Cependant il est important de souligner que Dieu dans sa souveraineté est capable de changer et s'opposer à la décision d'un homme pour son propre bien comme il le veut.

En tout temps et en toute circonstance, un décideur doit savoir refléter l'assurance sur ses décisions même si cela ne plaît pas forcément à ses proches. De plus, il doit être animé d'un esprit de fermeté en tout chose ainsi que devant le grand défi de sa vie.

Face aux grands défis de la vie face auxquels nous devons bien évidemment opérer les choix et prendre des décisions, nous nous devons de les affronter avec une intense fermeté car la dimension de celle-ci devant une circonstance détermine la capacité à la maintenir.

30 Daniel 11,32

Ainsi le décideur doit rester optimiste et fort tout le temps vu qu'il ne doit pas afficher ses sentiments devant ses proches quand bien même il serait conscient d'avoir mal agit, son attitude devrait rassurer et prouver que la décision prise serait la meilleure, qu'il serait l'homme de la situation.

2. c **Comment Résister Aux pressions extérieures.**

Inévitablement nous ferons toujours face à ce genre de pressions énormes et intenses que l'environnement exercera sur nous. Bien évidemment il existe des mesures efficaces pouvant nous permettre de nous mettre à labri de toute influence ou ingérence extérieure sur nos décisions.

- *La discrétion :*

La première arme de défense pouvant nous permettre de résister efficacement à la pression extérieure, c'est la discrétion. Un bon décideur doit savoir garder ses résolutions, savoir se taire, entretenir ses choix et ses décisions pour lui d'abord.

Beaucoup de personnes ne savent pas retenir leurs langues et sont poussées à raconter tout sur elles, à n'importe qui et n'importe où, sans rien garder pour elles.

Devenir un bon décideur c'est savoir être mystérieux aux yeux des gens, ne pas vouloir dévoiler et révéler ses résolutions à n'importe qui et n'importe où dans son environnement, étant donné que dans la vie, même les personnes intimes peuvent nous décevoir un jour.

- *Auto prise en charge*

Savoir dépendre de soi-même est un élément capital pouvant permettre à un décideur d'éviter toute ingérence externe. Celui qui ne sait pas se prendre en charge, sera souvent victime d'une ingérence extérieure dans sa prise de décisions.

L'inconvénient est qu'au cas où le décideur est pris en charge par une autre personne et bien, celle-ci peut s'opposer à lui et le contraindre à revoir, voire à souvent changer ses décisions, quelle que soit celle qu'il aurait prise préalablement. Tout ceci dû au simple fait que le décideur ne soit indépendant, n'arrive à s'auto prendre en charge et qu'il ait des liaisons de ramification vis-à-vis de ceux qui le soutiennent régulièrement.

A l'inverse lorsqu'on devient indépendant, les décisions tombent comme des œuvres accomplies et parfaites, cela donne l'impression d'un fruit déjà mur qui tombe d'un arbre. Il n'y a donc plus rien à changer si ce n'est que de présenter des suggestions. Par conséquent, l'entourage ne sait plus contraindre le décideur dans tout ce qu'il émet comme décisions puisque celui-ci se suffit dans une certaine mesure.

- *Être bien entouré*

L'entourage joue un grand rôle dans la vie d'un décideur. Il faudrait savoir comment s'entourer et avec qui le faire. Connaitre réellement le niveau du discernement et le degré de maturité de ceux auprès de qui on aimerait se confier.

A ce sujet, les saintes écritures nous enseignent en disant que : « les mauvaises [21]compagnies corrompent les bonnes mœurs ». Ainsi donc un décideur doit avoir un bon entourage et savoir à qui se confier quand la circonstance l'exige car un bel entourage est un véritable tremplin pour lui puisqu'il sera apte à conserver toute décision venant du celui-ci. Bref un bon entourage pourrait toujours aider un décideur à recadrer ses décisions en tout temps.

[21] 1 Corinthiens 15,33

- *Manque de maîtrise de soi.*

Dans certains cas, c'est le décideur lui-même qui est à la base de l'influence des autres sur lui. Il attire la curiosité des proches et les pousse à s'ingérer dans ses affaires donc ses décisions.

Se maîtriser et se contenir se verront être un véritable remède pour le décideur de ce genre de moments. Ainsi plusieurs personnes ont vu le monde extérieur s'investir dans leurs décisions avec pour cause un manque de maîtrise de soi. Un décideur qui ne sait pas se contrôler sera lui-même la cause de l'ingérence du monde extérieur dans son entreprise décisionnel quotidienne.

2. d

Comment devenir ferme.

Nous ne sommes que des élèves au pied du maître qui est le SAINT-EPRIST, l'enseignant par excellence, qui est le mieux placé pour pouvoir transformer notre caractère ainsi que nous aider à acquérir des qualités importantes qu'aucune université ou qu'aucun centre de formation dans le monde ne serait capable de donner une à personne.

Vous est-il déjà arrivé de vous laisser envahir par la peur, la paresse, l'angoisse, le découragement, des pensées impures, incontrôlées ou même négatives, tout en sachant qu'elles sont contraires à la volonté de Dieu ?

Fort est de constater que plusieurs chrétiens, ayant déjà reçu un esprit de force et de vie, manquent régulièrement de fermeté face aux décisions qu'ils doivent prendre.

Et de ce fait ils deviennent incapables de prendre position devant les évènements de leur vie, ou se laissent gagner par l'influence négative de ce monde qui les entraîne à s'accommoder au péché.

Personnellement, j »ai longtemps déploré le fait que je voulais vivre ma vie selon ce que le seigneur désire, en revanche dû à un manque de fermeté au sein de mes pensées je suis passé à côté de beaucoup de choses. Raison pour laquelle j'ai été content de découvrir dans les saintes écritures « trésors de fermeté » que tout celui qui vacille devant la prise d'une décision doit rester ferme comme un roc.

Tenant compte de l'humanité de l'homme, de ses multiples faiblesses et limites, il est donc impossible de devenir ferme par ses propres efforts. La force pour être ferme nous vient du Saint-Esprit qui vit en nous. Cependant, tu te demandes toujours : « Pourquoi suis-je souvent aussi incapable de prendre une décision ? ».

Pourquoi suis-je souvent aussi incapable de prendre une décision ?

En fait, c'est parce qu'il faut que tu te laisses remplir par le Saint-Esprit profondément et que tu te procures aussi de l'épée de l'Esprit qui est la Parole de Dieu. Le secret de la fermeté réside donc dans la puissance du Saint-Esprit déployée en nous ainsi que dans la connaissance accrue de Dieu et de sa parole.

Les saintes écritures nous enseignent en disant : « Ceux du peuple qui connaitront leur Dieu agiront avec fermeté » Daniel 11,32. Ainsi, si vous cherchez la fermeté, penchez votre tête, fléchissez vos genoux et priez. Demandez à Dieu de vous remplir davantage de son esprit qui nous donne toute capacité.

Ne vous limitez pas là, plongez-vous dans les richesses de la Bible en la méditant jour et nuit, et en vous imprégnant de la volonté parfaite de Dieu afin de le connaitre et de l'aimer.

C'est de cette façon que nous pouvons être de bons décideurs capables de prendre de bonnes décisions dans tous les domaines de nos vies.

Prions ensemble

« Père de gloire qui règne aux cieux, béni sois-tu pour ton amour et ta bonté dans ma vie, alors que j'ai laissé par une faiblesse, le découragement de la peur, de la paresse, le doute, envahir ma vie et même pêcher d'être ferme devant les événements et les circonstances de la vie. Que ton Esprit-Saint me remplisse davantage, que je puisse toujours marcher selon ta parole afin d'acquérir un fort caractère susceptible de me rendre ferme et de vivre ma vie selon ton plan. Amen. »

MON TÉMOIGNAGE PERSONNEL

Au sujet de mon témoignage, petite expérience certe que je vécu dans ma vie , qui pourrait certainement dans une autre mesure aidé un décideur.Se que en 2014 après êtres non admis a la faculté de médecine dans une université de la place, et bien je personnellement eux a passé dans un dessert qui nécessitait d'avoir un esprit de fermeté pour décante la situation.

Après avoir ainsi pris connaissance de ma situation désastreuse a la faculté et bien je devais le dire a mes parents chose qui n' étais pas facile a faire une un petit bonbon a croquer étant donné les multiples efforts consenti pour couvrir le paiement de mes frais académique et surtout qu'il attendait une éventuelle réussite de ma part chose de quoi normal que tout parents attendrais de sont enfants.

En fin de compte j'étais obligés de me décide sois de dire la vérité ou de la garde avec moi, en revanche eux égard a l'ampleur et l'impact de la situation que je devais gere s i je mettais décide de caché, je finalement décidé d'être fermé et de dire tout la vérité a mes parents au sujet de ma situation désastreux a la facture.

Chose qui semble être si facile en lisant , par si difficile pour le vivre bref je n'avais pas de choix cette décision d'avouer tout a mes parents ma certe plongé dans une phase dure de ma vie , bien que si dure en retour cela valait la peine de le faire.

ayant décidé de dire tout la vérité par conséquent j'étais obligés de supporte tout les effets négative ou positif et tout le conséquence qui découlerai de ma propre décision chose qui était si dure a supporte.

Bien que dure a faire et a vivre ma décision était lourde a exécuté mais c'était la meilleure, j'avais refuse de mentir, en revanche de supporte toute les conséquences découlant de ma décision.

Aujourd'hui cette expérience quoi que dure a vivre ma beaucoup appris et fortifie mon caractère et toute ma personnalité en général.La vie ne pas facile il faut être un dure à cuire.

2. e

Quand Revenir Sur Une décision.

Toute règle a une faille, pour éviter cette faille il faut suivre un principe qui est celui de bien décider pour ne plus revenir sur ses décisions. Certaines situations de force majeure de la vie peuvent nous contraindre à revenir sur nos décisions prises oubliées et même enterrées, indépendamment de notre volonté personnelle.

Il convient parfois de revenir sur nos décisions. Dans certains cas bien sûr, nous ferons bien de reconsidérer notre décision et peut-être de la modifier. Réfléchis à la façon dont Dieu a agi envers les Ninivites du temps de Jonas.

« Et le vrai Dieu vit leurs œuvres, qu'ils étaient revenus de leur voie mauvaise ; et ainsi le vrai Dieu se repentit [22]du mal qu'il avait annoncé qu'il leur ferait ; et il ne le fit pas ».

constatant leur repentance, Dieu a modifié sa décision. Il s'est ainsi montré raisonnable, humble et compatissant. De plus, il ne décide pas de ses actions par de la colère, contrairement à nous. Parfois, il est bien de reconsidérer un choix ou une décision.

C'est le cas lorsqu'une situation change, situation à laquelle vous ne vous attendiez pas. Un tel changement a parfois amené Dieu à modifier[23] une décision qu'il avait prise. Soit ce sont des nouvelles informations qui nous donnent une raison valable de changer d'avis.

Le roi David avait reçu de fausses informations sur Mephibocheth, petit-fils de Saül. Plus tard, lorsqu'il a appris la vérité, il a rectifié[24] sa décision.

Dans certains cas, il est sage de revenir sur la décision prise. Et bien lorsqu'on souhaite revenir sur sa décision que faut-il faire en première lieu ? La Parole de Dieu nous conseille de ne pas nous précipiter[25] quand nous avons une décision importante à prendre.

Et donc pas de précipitation, il nous faut d'abord prendre du temps de peser tous les éléments de défaillances de ladite décision à modifier, épingler les différents aspects qui vous ont poussés à revenir sur vos pas, en suite recadrer la chose et décider encore une fois. Là alors notre décision[26] sera sans doute meilleure.

Que faire avant de décider ?

Voici une illustration par un exemple: Dieu a exhorté Abraham à écouter[27] sa femme.

22 Jonas 3,10
23 1 Rois 21:20, 21, 27-29 ; 2 Rois 20:1-5
24 2 Sam. 16:3, 4 ; 19:24,29
25 Prov. 21:5
26 1 Thés. 5:21
27 Gen. 21,9-12

Les leaders aussi devraient prendre le temps de faire des recherches et sils sont raisonnables et modestes, ils ne craindront pas de perdre leur respect et leur honneur devant les autres quand une nouvelle information les oblige à reconsidérer une décision qu'ils ont prise.

Ils doivent être prêts à modifier leur point de vue et leur décision si nécessaire. Un chef de famille devrait prendre le temps d'effectuer des recherches dans les saintes écritures et également d'écouter le point de vue des autres membres de sa famille.

3. LE SENTIMENT DANS LA PRISE D4UNE DESICION

Dans ce chapitre il est question d4examiner comment on peut s'en sortir face à une décision, nous sommes submergés par des sentiments et des émotions qui peuvent influencer notre entreprise décisionnelle quotidienne.

En nous référant toujours à Dieu, lui qui sait mesurer l'ampleur et l'impact qu'une décision peut avoir dans le destin d'une personne, Dieu notre créateur a aussi comme nous des sentiments qui l'animent chose qui est tout à fait normal.

Cependant devant le grand moment c'est à dire lorsqu'il doit prendre des décisions sur une certaines thématiques, comme tout bon décideur, Dieu sait écarter toute sorte de sentiments qui peuvent détourner sa position.

Ainsi sa manière de faire pour décider constitue un véritable « art » qui va effectivement nous aider à nous instruire davantage dans le but d'acquérir des matériaux susceptibles à forger notre caractère pour savoir prendre des décisions sans tenir compte des sentiments.

Certains événements peuvent toucher nos émotions et conséquemment nous devons nous gérer, cest-à-dire arriver à gérer les deux pôles. On peut considérer le premier pôle comme la décision et la deuxième comme les sentiments. Eh bien, nous devons avant tout comprendre que les sentiments ou les émotions sont comme des nuages qui entourent un décideur, ils obscurcissent son côté raisonnable lorsqu'il doit prendre une décision. A savoir, l'industrie décisionnelle fonctionne obligatoirement avec un esprit sain qui est suffisamment éclairé et outillé a bien décider.

Partant de ce fait, il faut une séparation totale entre le décideur et les émotions qui pourraient l'animer avant de prendre une éventuelle décision. Question d'éviter d'avoir une décision creusée et discutable. Ainsi pour être plus pragmatique, les émotions sont semblables à des impuretés qui ne peuvent pas nous aider à bien nous décider.

Contrairement à ce qui précède, il est tout de même important de signaler que les sentiments et les émotions peuvent dans une certaine mesure nous servir d'indices de positionnement. Concrètement, ils constituent des indicateurs susceptibles de guider un décideur à se positionner face une décision donnée à prendre.

En outre, quand bien même dans certains cas isolés, les sentiments et les émotions seraient des éléments qui indiquent le décideur, en toute état de cause il ne faudrait pas en faire un sous bassement décisionnel, faire de celui-ci le fondement de nos résolutions.

Concrètement c'est dire que les sentiments de pitié, colère, déception, désespoir et autres ne peuvent aucunement être à la base de nos décisions, car le sentiment obscurcit le jugement

Pourquoi est-ce dangereux de nous contenter de suivre notre cœur ?

« Écoute ton cœur », dit le commun des mortels. Mais cela peut être dangereux. En réalité ce n'est pas biblique. La parole de Dieu nous exhorte à ne pas laisser notre cœur imparfait ou notre sentiment nous dominer[28] quand nous prenons des décisions.

---

38 Prov. 28:26

De plus les récits bibliques montrent ce qui arrive quand on écoute son cœur. Le fond du problème est l'imperfection de l'être humain, c'est pourquoi la bible dit « garde ton cœur[29], plus que toute autre chose».

Si nous suivons notre cœur, quelles pourraient en être les conséquences ?

Le cœur est important pour nous, car nous sommes censés aimer Dieu, le créateur de toute chose ainsi qu'aimer son [30]prochain comme nous-mêmes. En revanche, il n'est pas recommandé de décider en fonction du cœur.

Les versets en font référence dans le paragraphe précédent soulignant le danger de laisser nos sentiments commander notre réflexion et nos actions. Par exemple que pourrait-il se passer si nous prenions une décision sous le coup [31]de la colère ? La réponse est évidente si cela nous est déjà arrivé.

Ou encore lorsque nous sommes découragés, quelle est la probabilité[32] de prendre une bonne décision? Souviens-toi que la sainte écriture nous montre toujours le chemin pour être sage et suivre le bon chemin puisque incontestablement, nos sentiments peuvent facilement nous tromper si nous les laissons prendre le dessus.

- *La pitié*

Dieu, comme tout père, a un fils qui est Jésus-Christ, notre sauveur et Seigneur, qui a reçu un nom élevé au-dessus de tous les noms. Par ailleurs face à son grand projet de rachat de toute l'humanité depuis la fondation du monde, Dieu décida unilatéralement de donner son propre fils en sacrifice au nom de l'humanité toute entière à cause du péché. En réalité il a donné le sang de son

29 Jr. 3:17 ; 13:10 ; 17:9 ; 1 Rois 11:9
30 Mat. 22:37-39
31 Prov.14:17 ; 29:22
32 Nombres 32:6-12 ; Prov. 24:10

fils comme contrepartie du supplice et d'une mort honteuse celle de la croix dans un seul et unique but, la réalisation de son ultime projet qui était le rachat de l'humanité.

Décidemment Dieu s'est résolu d'éprouver son propre fils par un chemin de douleurs et de souffrances intenses juste dans une perspective de sauver l'homme qu'il aime tant.

Pour être plus pratique concernant tout ce qui précède, c'est plutôt la manière dont Dieu a agi en tout état de cause qui nous intéresse réellement à ce stade. Dieu n'a fait preuve d'aucune pitié dans la décision qui consistée à donner son fils en sacrifice au monde. Il a pris sa décision sans créer des mécanismes échappatoires de sorte à épargner son fils de la souffrance de la croix. Certes, il est vrai qu'en tant qu'humains c'est complètement étonnant.

Quel homme accepterait de sacrifier son propre fils au bénéfice des fils des autres ?

Comme pour extrapoler nous déduisons que cela n'était pas chose facile. Par conséquent, toute l'intensité de souffrance que l'on peut s'imaginer est véhiculée à travers l'esprit au sujet de la mort de Jésus-Christ sur la croix. Ce qui suscite une forte douleur, de l'amertume en nous.

Tout ceci dû au fait que l'impact, l'ampleur et même la portée de sa décision sur la destinée de l'humanité entière était ce pourquoi Dieu avait le regard fixe sans mettre en avant plan le sentiment de pitié. D'ailleurs, fort serait de constater que lorsque Jésus-Christ a demandé à son père de l'éloigner de cette coupe de souffrance de son chemin, Dieu n'a pas fait preuve de pitié afin d'éloigner cette coupe de son fils.

En revanche, en tant que bon décideur Il a gardé la tête froide en acceptant de sacrifier son fils au profit du monde. En définitive, Dieu a pris la lourde décision de réaliser son projet grandiose celui de racheter le monde, les humiliations, les moqueries, le sabotage, les insultes, la torture et tout autre supplice tel que subis par son fils.

Il n’a en rien fait varier même d'une poussière sa décision. Dans la plupart des cas, les gens pensent souvent qu’une bonne décision est celle qui est prise en manifestant de la pitié, en étant sous le choc des émotions, des sentiments. Ce qui ne marche pas avec la vie décisionnelle car la dimension émotionnelle est en réalité un état secondaire dans lequel le décideur est emporté.

Les émotions viennent aveugler son sens rationnel des choses, du coup il devient comme un homme ivre dont l'alcool est remonté jusqu'à la tête, altérant le sens du discernement des choses de l'individu.

A savoir, la pitié est un sentiment aigu surtout trompeur qui ne donne pas d’images fidèles des événements avenirs sur base desquels le décideur devrait décider. En plus de cela, elle pousse le décideur à ne plus choisir correctement ou modifier son choix de peur de faire mal ou faire souffrir le concerné direct ou indirect de la décision en question.

Dans la vie, tenir compte des réactions des gens pour prendre une décision ou encore se focaliser sur les conséquences que la décision pourrait générer n’est pas toujours une bonne attitude car un décideur doit prendre des résolutions pour lui-même d’abord et non en fonction de la réaction des autres personnes. Vu qu’une décision peut parfois ne pas provoquer l'adhésion populaire.

Le plus important est plutôt de savoir se positionner sachant qu’une simple décision peut entraîner le déclic total. Le contraire est tout aussi envisageable puisqu’une décision, sans grande importance et inerte, qui n'a aucune conséquence néfaste sur le tiers, la personne intéressée, peut en toute simplicité totalement dérouter les décideurs de leur chemin.

Ce qui implique que le problème n'est pas au niveau des effets ou des conséquences qu'une décision serait capable de générer mais plutôt à celui de la portée, l'ampleur d’un choix. Ce qui doit donc réellement intéresser le décideur c’est non pas les effets et mais le champ d’action de ce dernier.

En effet, la pitié vient hanter et envahir l'esprit du décideur, le surcharger et l’emprisonner dans une sorte d'illusion qui à la fin paralysera son sens du jugement. La pitié est effectivement un sentiment important et utile dans la vie d'un homme mais d'autre part, le décideur devrait savoir à quel moment en faire preuve.

Bien sûr suivant le cours des événements qui se présentent devant lui, il ne doit pouvoir ne pas se laisser emballer par elle lorsqu'une occasion décisive se présente. A cet égard, même l'industrie décisionnelle qui nous accompagne chaque jour de nos vies, exige d'avoir un esprit sain et totalement dépourvu de sentiments, d'émotions pour prendre régulièrement de bonnes décisions.

Il nous faudrait donc fermer les yeux physiques, ouvrir ceux de l'esprit dans le but d'examiner les circonstances hostiles qui nous apparaissent. Comme des Goliath inspirés par la parole de Dieu pour nous éclairer afin de mieux décider sans aucune graine de poussière sentimentale et émotionnelle.

Tous ceux qui dans leurs habitudes prennent des décisions sur base de la pitié, n'ont en retour aucune pitié pour eux-mêmes ainsi que pour leurs propres vies et destinées. En voulant tenir compte du sentiment de pitié en faveur des autres personnes avant de prendre une décision, on finit par se détruire soi-même et se détourner largement de l'essentiel qui est l'objectif à atteindre.

En principe, de la même manière qu'on ne peut combattre un adversaire en éprouvant de la pitié, et bien de la même manière l'on ne peut relever le grand défi habituel de nos vies (la prise de décision) par la pitié.

Fort est même de constater que non seulement la pitié nous influence largement dans la construction de nos résolutions mais bien plus, elle nous empêche au fur et à mesure d'agir, de décider lorsqu'une opportunité déterminante se présente subitement à nous.

Malheureusement, certains se gardent de décider face à une situation éventuelle par crainte de blesser ou de faire mal aux différents concernés de ladite décision, chose qui est mal. Sachons donc être conséquents de nos faits et gestes.

La décision est un élément essentiel et surtout capital dans vie de l'homme. Elle doit donc être prise avec un esprit sain.

- *La peur*

Il est de principe avant de prendre une décision, de toujours en identifier les inconvénients, les pièges, les contraintes.

Si nous n'identifions pas les différentes éventualités, nous risquons d'inventer ou d'imaginer des contraintes qui ne seront réelles que dans la logique de nos peurs, et qui n'auront donc rien avoir avec l'objet de la décision.

Quelles sont donc ces peurs qui nous tiraillent consciemment et inconsciemment ?

1. La peur d'être trahi?
2. La peur de manquer de temps ?
3. La peur de perdre quel qu'un ou quelque chose ?
4. La peur de ne pas pouvoir ?
5. La peur de ne pas savoir, de ne pas être capable ?
6. La peur de se sentir mal ?
7. La peur du regard de l'autre et celle du jugement ?
8. La peur de se sentir inférieur ?
9. La peur de manquer d'énergie, de budget ?
10. La peur de l'échec ?
11. La peur de souffrir ?

Tout homme est sensé faire face à une bataille interne entre différentes parties de lui.

Lors d'une prise de décision par exemple, il y a une partie de soi qui a envie d'avancer, de se jeter à l'eau même s'il faut prendre des risques. Et une autre qui à l'inverse de la première, stoppe toute investigation en rappelant les risques éventuels et en ne voyant que le côté négatif de la situation.

Celui qui gagne cette guerre interne, qui va au-delà de ses peurs, qui sait les transformer en énergie, en potentiel susceptible de le faire avancer à tout prix vers la décision, est celui qui sait composer avec les deux parties.

Tout en avalisant les parties de soi, car elles sont toutes les deux nourries de bons sentiments pour soi-même, il est important que la négociation interne permette de donner priorité à celle qui doit agir en premier parce que c'est le moment opportun pour elle d'agir avant l'autre.

Pour y arriver nous devons nous adresser à nous-même et nous poser intérieurement des questions à ce sujet. C'est en posant des questions que nous fragilisons alors notre apport de sécurité. Les réponses rassurent et nous tiennent à labri. Les questions par contre, nous fragilisent et nous déstabilisent. Dans tous les cas, elles nous permettent d'évoluer.

Le rôle de la question est bien évidemment d'ouvrir une porte, d'introduire une nouvelle réflexion, d'ancrer une prise de conscience, d'enrichir une recherche, un savoir, de motiver à explorer d'autres horizons, à tenter d'autres expériences. Le tout intervient dans la prise de décision, en rapport avec nos choix. Sans questions nous agissons comme dénués de vie et d'émotions. Nous éteignons nos désirs, notre créativité et nos ambitions.

La question nous offre donc l'opportunité d'explorer notre potentiel, de nous surpasser, de transcender, de nous ouvrir au monde et aux autres, dans leur façon de penser et ainsi s'enrichir sans fin.

Devant une situation donnée, si nous n'avons qu'une seule alternative, c'est une aliénation. Lorsque nous avons deux choix, que nous nous retrouvons face à un dilemme, se détacher de ses peurs, c'est se permettre l'ouverture et la flexibilité. C'est agir pour augmenter le nombre d'alternatives, avec de nouvelles possibilités de choix.

En outre nous pouvons changer de point de vue, changer de comportement, changé de niveau de questionnement et d'analyse. Le problème tel que nous nous le posons au départ n'est souvent qu'une perception de la réalité que nous nous faisons de la situation.

« Un problème sans solution est un problème mal posé » (A. Einstein).

Il existe de nombres manières de se rapprocher de la vérité. Même si la peur existe, il faut aussi reconnaitre l'existence du courage, de l'ouverture et du désir d'aller de l'avant. Tout comme les deux parties en conflit, il existe en nous celles qui cohabitent ensemble. Nous pouvons avancer en dépit de la peur, en réduisant l'espace que prend ce sentiment nos vies, en redonnant la pleine place au courage ainsi qu'à la détermination.

« Ceux qui arrivent à quelque chose dans ce monde sont ceux qui se lèvent, qu recherchent les circonstances qu'ils désirent et sils ne les trouvent pas, les créent. Ainsi ils sont appelés initiateurs ou traceurs de chemin ».

Veux-tu subir ou choisir?

Une autre façon de prendre une décision est de laisser s'exprimer le duel en soi. Dans tous les cas, notre réponse sera notre choix. Et même « ne pas choisir » c'est décider. Nous ne pouvons pas prendre notre responsabilité et fuir le choix.

C'est un comportement de faibles. Peut-être que nous pensons le faire, mais même la fuite va générer par la suite des conséquences. Alors posons-nous les bonnes questions :

Entre le choix du bleu et le choix du rouge, quel est celui qui apportera le plus de satisfaction, de réussite, de joie, de positif ?

Entre choisir et ne pas choisir, quelle est l'option qui engendrera le plus de mal, de douleur, de difficulté, de dysfonctionnement, d'échec ?

Se poser la question pour en savoir la conséquence immédiate, à moyen terme ou à long terme. Je nous encourage à faire comme si nous étions déjà dans la situation pour ressentir ce que cela fait de vivre avec ces choix-là. Parfois la peur nous tétanise à un tel point que nous occultons la décision à prendre et par laxisme, laissons les choses aller à la dérive. Mais en réalité posons-nous la question suivante : Qu'est-ce qui est plus douloureux ?

La douleur de devoir passer à l'action et d'avoir à affronter sa peur ? Ou La douleur de la conséquence qui se présentera plus tard du fait de n'avoir pas choisi, de n'avoir pas pris de décision ?

Souvent l'expérience est le nom que chacun donne à ses erreurs et donc essayer. En effet, choisir c'est se heurter au regard des autres, recevoir une critique peut susciter en nous un sentiment de culpabilité. Et lorsque l'on vit cela de façon répétitive, c'est un bourreau interne que nous faisons naître à l'intérieur de nous-même.

C'est lui qui par les jugements internes que nous induisons, nous pousse à l'échec, au mal-agir, à la tétanie d'action, à la procrastination, à l'auto-sabotage, comme si nous ne méritions pas d'être satisfaits et heureux. Comme si la seule autorisation tournait autour de la souffrance et du sacrifice. De là naît le sentiment de commettre une faute, la peur de se tromper, la perte de confiance en soi.

C'est en pensant que nous avons fait une faute, ou que nous risquons de déplaire aux autres, que nous recherchons une façon de rattraper les choses en réparant parfois quelque chose qui n'a pas à l'être, en faisant passer les besoins des autres avant notre propre équilibre.

En nous sacrifiant, en nous isolant, en nous privant de satisfaction, en remettant nos idées à d'autres et remettant ainsi nos moments de gloire à d'autres, en nous dépréciant, la culpabilité nous prive du droit de nous exprimer et nous positionner. Elle a un effet pervers sur la prise de décision et le droit à la différence.

Pour la contrer, il est nécessaire de l'identifier dès qu'elle se présente, la comprendre et s'opposer au juge et bourreau intérieur qui tente de nous nuire. Reprendre son droit à la liberté, son droit à l'erreur, son droit à la différence et à l'évolution selon nos valeurs et besoins.

Si vous ne parvenez pas à faire ce travail d'introspection et de recadrage par vous-même, et bien faites-vous aider par d'autres.

Les freins à la décision reposent sur la peur et la culpabilité des jugements passés qui ont été faits par rapport à vos choix et actions antérieures. Ces jugements sont restés ancrés dans votre mémoire et ont semé la peur de vous tromper ainsi que de ne pas prendre la bonne décision, de ne pas être à la hauteur.

Bref Les échecs passés et les expériences malheureuses lorsque vous devez décider, le souvenir vous tétanise et vous retire tous vos moyens. La généralisation du risque lorsque nous vivons des expériences désagréables, fait que notre inconscient identifie ce qui a généré le sentiment d'échec ou de mal-être.

Ainsi il tente ensuite de nous alerter dès qu'une situation similaire se présente, c'est même le déclencheur. Par exemple, si mon supérieur ma fait des remarques, je vais léviter et plus généralement je n'apprécierai pas la hiérarchie ainsi que sa personne.

Les projections négatives s'installent rapidement dans la tête d'une personne qui a peur. La peur par anticipation génère un pessimisme plus dramatique que la réalité. Ainsi notre anxiété nous empêche d'avancer. Remettons toutes ces peurs, ces angoisses dans un contexte où l'entreprise a besoin que des décisions soient prises, souvent rapidement et où les défis sont nombreux et paraissent insurmontables.

Pour éliminer les blocages et utiliser les émotions de façon à rester en contact avec nos pleines capacités, il existe des méthodes pour mieux se connaitre et comprendre comment chacun agit face à son mécanisme émotionnel et là où il est important alors d'agir pour retrouver un équilibre dans ses actions et ses choix.

- *La joie*

Bizarrement, s'il existe une émotion qui ne pourra jamais tromper un décideur, c'est bien la joie.

Elle constitue un radar à bonnes décisions, ainsi lorsque vous avez opéré un choix délicat à faire, tout décideur devrait se demander ce qui suit : « Au plus profond de moi-même, qu'est-ce qui me procure le plus de joie ? ».

En répondant à cette question, ne laissez pas vos peurs reprendre le dessus mais écoutez en toute simplicité ce qui vous vient à l'esprit, sinon vous risquez d'être très surpris. Parfois même une nouvelle réponse se dessine, à laquelle vous n'aviez pas pensé si vous regardez en arrière dans votre vie.

Je suis sûr que vous pouvez penser à certaines situations où vous aviez une décision à prendre entre deux choix, et où la vie vous a emmené vers un troisième. En réalité, nous ne maitrisons pas tout et nous avons rarement toutes les cartes en mains lorsque nous devons prendre une décision.

C'est pourquoi lorsqu'un décideur suit sa joie intérieure comme indicateur, il ne pourra pas prendre de mauvaise décision. La joie est un indicateur puissant qui vous permet de soulever des montagnes. Ce qui symbolise à ce stade, la grande et dure décision à prendre dans notre vie.

3. a **Rester toujours Positif.**

Un décideur se doit de rester positif malgré tout ce qu'il pourrait rencontrer comme circonstance devant une décision à prendre déclarant de parole pleine de vie continuellement, car en effet les paroles détiennent une forte énergie créatrice.

Et donc, les paroles créatrices sont des outils puissants qui pourraient vous aider à garder un air sûr et positif, bien plus nous savons tous que les mots ont toujours un pouvoir et émettent des vibrations fortes pouvant influencer l'univers.

Elles peuvent soulager, réconforter, guérir, apaiser, ainsi leur répétition et intériorisation, surtout si elles sont dites à voix haute ou écrites, ont un effet transformateur qui influence le destin du décideur.

Voici quelques bonnes paroles qui pourraient vous aider : « Uniquement du bon ressortira de cette situation. Quoi qu'il arrive, quoi que je fasse, je suis parfaitement à ma place ici et maintenant. Je reconnais la sagesse en moi et je prends la meilleure décision possible pour moi et pour les autres. Je fais confiance à la vie pour me guider exactement là où je dois aller. L'univers me soutient dans tout ce que je fais. »

4 .COMMENT PRENDRE UNE DÉCISION

- Décider

C'est un processus échelonné. La prise d'une décision ne se fait généralement pas de façon instantanée. La durée du processus décisionnel dépend souvent de l'impact ainsi que l'ampleur qu'aura la décision dans notre destiné.

En effet, choisir quel vêtement acheter nécessite moins de temps de réflexion que choisir entre deux personnes prétendantes pour se mettre en couple.

Évidemment plus la décision aura un grand impact sur notre vie, plus elle pourra générer du stress et de l'hésitation et même des conséquences néfastes. A cet effet, nous examinerons ce processus décisionnel en

3 parties :

- *L'investigation*

Elle consiste en une période d'exploration et d'analyse de la situation, question d'identifier tous les éléments qui sont en jeu.

- *L'évaluation*

Cette partie nous permet d'évaluer les avantages et les inconvénients des options possibles. A cette étape, une certaine ambivalence est quasi inévitable et tout à fait normale. Être ambivalent, c'est osciller entre différentes options, sentir que ces options peuvent être valables, hésitant en étant à la fois en faveur et en défaveur de celles-ci.

De l'ambivalence naît généralement un malaise, une insatisfaction, ingrédient essentiel car elle nous pousse vers une prise de risques ce qui implique le choix. Pour sortir de l'ambivalence, il faut savoir renoncer à l'une des options pour adhérer à l'autre. De plus, choisir des avantages et des inconvénients plutôt que d'autres, amène son lot de conséquences et il faut pouvoir les accepter et les assumer.

- *Le terminus*

Au terme d'une période d'incubation plus ou moins longue, la dernière phase du processus décisionnel peut survenir. C'est le moment où le processus est achevé par une décision qui vous convient et qui a du sens pour vous et du coup un certain soulagement survient.

4. a **Mode décisionnel.**

Voici six styles décisionnels contextualisés selon la circonstance éventuelle. Nous avons généralement tendance à utiliser un ou deux styles plus fréquemment, même si nous pouvons aussi tous les utiliser selon les situations dans lesquelles nous sommes confrontés :

- *Le mode logique*

Vous prenez votre décision en analysant rationnellement la situation, sans tenir compte de vos émotions.

- *Le mode inconsidéré*

Vous prenez votre décision de façon impulsive, sans perdre de temps, mais aussi sans examiner attentivement ce qu'elle implique.

- *Le mode hésitant*

Vous remettez souvent à plus tard votre décision parce que vous doutez fréquemment; pour se faire, vous devez être très prudent.

- *Le mode émotif*

Votre décision est basée principalement sur des sentiments, des préférences, des coups de cœur ou sur l'émotion du moment.

- *Le mode accommodant*

Vous prenez votre décision de façon à vous conformer aux attentes des autres, à ce qu'ils vous disent de faire.

- *Le mode intuitif*

Vous prenez votre décision en considérant votre « petite voix intérieure » plutôt que des facteurs externes. Vous attendez que cette voix vous indique la bonne décision.

A cet égard, il peut être intéressant d'identifier votre style décisionnel habituel. Ainsi vous pourrez vous ajuster aux différents contextes selon la circonstance dans laquelle vous êtes.

4. b Le décideur et Les indécisions Chroniques.

Certaines personnes sont du genre à prendre 20 minutes pour scruter le menu au restaurant avant d'arriver à faire un choix et à douter de celui-ci dès que vous avez passé la commande. D'où, tout le monde peut être indécis dans certaines circonstances.

En revanche, l'indécision devient chronique lorsqu'elle se généralise et concerne tous les types de décisions, des plus simples aux plus complexes. Quels sont les enjeux qui se cachent derrière cette incapacité à opérer un choix? D'abord, certaines peurs peuvent vous freiner lorsqu'il est temps de choisir. Quatre d'entre elles sont particulièrement fortes chez les indécis.

- *La crainte de se tromper*

Elle est particulièrement présente chez les personnes perfectionnistes qui craignent de faire une erreur et croient qu'on attend d'elles la perfection. Elles vivent donc beaucoup d'anxiété décisionnelle et préfèrent alors ne pas choisir plutôt que de faire face aux conséquences de leurs choix.

Il peut être intéressant de se rappeler qu'il n'est pas fréquent qu'une décision ait des conséquences graves qui par exemple, mettent la vie de quelqu'un en danger. Vous pouvez remettre en contexte votre décision et vous assurer de pouvoir vivre avec les conséquences de celle-ci. En retour rappelez-vous aussi qu'il existe plus d'une solution acceptable à un même problème.

- *La crainte déchouer*

Quant à elle, elle se présente lorsqu'on ne se sent pas à la hauteur et qu'on redoute de souffrir en cas d'échec.

Rappelez-vous que tout le monde fait face à des échecs à un moment ou à un autre de sa vie. Profitez de vos expériences difficiles pour faire des apprentissages qui vous rendront plus solides et persévérants.

- *La crainte de l'inconnu*

Ce côté est souvent présent chez les gens qui supportent mal l'incertitude et les imprévus. Ils anticipent souvent ce qui pourrait mal tourner et vivent beaucoup d'anxiété devant les choses qu'ils ne peuvent contrôler. Pour y faire face, prenez conscience que vous ne pouvez pas tout savoir ni maîtriser à l'avance. Faire un choix implique de tolérer une part d'inconnu que vous ne maîtrisez aucunement.

Vous pouvez également être confiant que vous aurez les ressources personnelles nécessaires pour faire face aux imprévus et aux difficultés le moment venu.

- *La crainte de déplaire*

Elle relève du besoin d'être approuvé par son entourage, par ses parents par exemple. La personne ne choisit pas en fonction de ses besoins ou de ses désirs mais en fonction de ceux des autres ou de ce qu'elle croit qu'on attend delle.

Or décider, c'est accepter de ne pas faire l'unanimité. Ensuite certaines pensées peuvent vous nuire quand vient le temps de choisir. C'est le cas notamment des fausses croyances. Par exemple, remémorez-vous votre processus de choix de programme universitaire. Vous êtes-vous dit des phrases comme celles-ci :

« Je n'ai pas le droit de changer d'idée une fois ma décision prise. Les conséquences d'une mauvaise décision sont désastreuses. Je veux avoir la certitude que je fais le bon choix. Mon entourage doit absolument approuver ma décision. »

Si oui, sachez que vous entretenez de fausses croyances à propos des décisions. Ces croyances rendent la tâche encore plus ardue lorsque vient le temps de décider parce qu'elles prennent le dessus et brouillent les pistes, ajoutant une pression et un stress supplémentaires.

La prise de conscience peut permettre d'identifier la cause de votre indécision, de remettre en question ces croyances pour oser faire un choix éclairé.

- *Manque d'estime personnel*

Plusieurs décideurs souffrent d'un sérieux problème de sous-estimation d'eux-mêmes. L'estime de soi se définit comme l'évaluation que fait un individu de sa propre valeur. Les individus possédant une faible estime de soi doutent de leur valeur personnelle de façon marquée. Ils sont plus sensibles à l'échec, car cela ébranle la perception qu'ils ont d'eux-mêmes : ils se croient moins valables.

Ils ont davantage de difficultés à prendre des décisions lorsque celles-ci sont observées ou jugées par autrui en raison de leur crainte de l'échec et du jugement. Les individus ayant une faible estime deux tenteront d'augmenter celle-ci en cherchant à se faire accepter par les autres.

Ainsi, ils peuvent prendre des décisions pour plaire à autrui plutôt qu'en se fondant sur leurs intérêts personnels. Ils sont plus hésitants et peuvent chercher à imiter les choix de leur entourage.

De plus, ils souffrent davantage de procrastination décisionnelle. En effet, ils préfèrent retarder le plus possible le moment de décider par crainte de faire le mauvais choix. À l'inverse, les individus ayant une haute estime deux ont plus de facilité à prendre des décisions et à s'y tenir.

Travailler à augmenter votre estime personnelle pourra donc vous aider à faire des choix plus satisfaisants.

- *Manque de connaissance personnelle*

Les personnes qui n'ont pas une bonne connaissance d'elles-mêmes sont plus enclines à l'indécision car elles ne possèdent pas les connaissances requises pour savoir ce qui leur convient mieux.

Une réflexion personnelle ou une démarche avec un professionnel peut vous permettre de découvrir vos points d'intérêts, vos aptitudes, vos valeurs et à développer votre personnalité. Ainsi vous pourrez prendre des décisions qui tiennent compte de vos besoins et qui vous conviennent davantage.

4. c

Des outils essentiels dan: Prise de décisi

- *L'examinassions*

Il est essentiel d'étudier la circonstance pour mieux comprendre les avantages et les inconvénients propres à chacune des options et ainsi, prendre une décision éclairée.

Pour se faire, il est possible d'attribuer à chaque avantage et à chaque inconvénient un pourcentage qui représente son importance ou son poids dans la prise d'une décision. Cette méthode permet d'établir clairement quelles sont nos priorités et permet de comparer nos options.

Il peut également être efficace d'aller chercher le plus de sources d'informations possibles auprès de nos modèles (pasteur, coach, motivateur et autres), question d'être suffisamment éclairés afin de mieux décider.

- *Visualiser*

La visualisation peut être utile pour faire un choix qui tient compte de nos objectifs à long terme, particulièrement si ce choix a un impact important sur notre avenir (choix de carrière, décision d'avoir des enfants, choix sur un conjoint, etc.)

Vous pouvez visualiser afin de vous permettre de contextualiser votre décision et de constater si oui ou non, vos choix concordent avec vos objectifs de vie. Par exemple: est-ce que vous vous imaginez vous marier dans une année?

Est-ce que cette décision concorde avec vos valeurs et vos désirs?

Aussi il est possible de visualiser la prise de décision à court terme. En effet, en vous imaginant avoir pris votre décision, prêtez attention à vos réactions et à toutes les ondes négatives susceptibles de susciter en vous des sentiments obscures vous empêchant ainsi d'avancer.

Comment vous sentez-vous au contact des conséquences de votre choix? Moins tendu, crispé, soulagé, bref les signaux corporels peuvent être un outil précieux pour vous indiquer comment prendre une décision.

- *Demander conseil*

Un bon décideur ne doit pas tomber dans la suffisance car il est évident de se sentir seul parfois et de ressentir l'intense besoin d'être accompagné dans votre processus de décision surtout lorsqu'il s'agit d'une décision capitale.

Demander conseil peut vous permettre d'enrichir votre réflexion et de faciliter votre choix. Il est également possible de vous demander conseil à vous-mêmes, c'est-à-dire à votre fort intérieur, faire comme si votre problématique appartenait à un ami : si un proche vivait une situation semblable, que lui conseilleriez-vous? Cette technique permet de prendre une certaine distance face à votre problématique.

- *Connaitre son idéal*

Afin de prendre une décision qui vous convient, il est important de bien vous connaître : quelles sont vos valeurs, priorités, intérêts, traits de personnalité, goûts, désirs, etc. S'il est difficile pour vous de vous définir, il est possible d'y aller à l'envers : qu'est-ce que vous n'aimez pas qui ne vous ressemble pas?

- *Assumer vos choix*

Si vous restez constamment coincés dans l'indécision, il peut être difficile d'avancer. Une fois une décision prise, ayez confiance en votre choix. Une décision est rarement parfaite, il est donc normal que certaines de ses conséquences vous conviennent moins.

- *Osez-vous tromper*

Comme un enfant qui joue avec le feu, apprenez à prendre des risques. N'ayez pas peur de commettre des erreurs dans votre démarche décisionnelle. Nelson Mandela disait : « Je ne perds jamais. Soit je gagne, soit j'apprends ». Il est essentiel de vous donner le droit à l'erreur.

D'une part, vous pourrez généralement vous reprendre et réparer. D'autre part, vous apprendrez de vos moins bonnes décisions et elles pourront vous permettre de devenir plus expérimenté. Savoir rire de soi-même peut être une façon de diminuer l'anxiété ressentie face à un choix qui s'avère finalement moins satisfaisant.

- *Moins de négativité*

Rien ne sert de vous étiqueter et de penser que vous êtes un mauvais décideur, vous êtes peut-être meilleur que vous le pensez. En effet, plusieurs fois par jour, vous êtes invités à prendre des décisions sur base l'expérience vous en avez.

- *Accordez-vous un délai*

Si vous avez tendance à être impulsif, le fait de vous laisser quelques jours avant de prendre une décision importante vous laissera le temps de réfléchir et de confronter votre choix à la réalité et cela avant de vous engager. Par contre, devant une décision qui implique moins de conséquences instantanément, une décision peut être prise sur le champ. Exemple : choisir comment s'habiller le matin.

Vous pouvez vous imposer une limite de temps pour ne pas gaspiller de l'énergie inutilement.

- *Divisez la décision en étapes*

En divisant en étapes ou en petites décisions ce que vous voulez entreprendre, la pression de prendre la bonne décision et la peur diminuent sensiblement. Par exemple, avant de choisir une université, un étudiant pourrait choisir un programme qui l'intéresse question d'appréhender tout d'abord avant de choisir.

- *Changez-vous les idées*

Durant le processus de décision, il peut être important pour décideur de s'accorder du temps de répit pour arrêter d'y penser et de se changer les idées.

En laissant de côté les soucis, tout en s'investissant dans les passe-temps, loisirs et autres activités qu'il apprécie, cela aidera le décideur à être plus calme et posé lors du retour à la prise de décision.

- *Dédramatiser et envisager tous les scénarios*

Vous êtes parfois envahis par la peur des conséquences possibles liées à une décision à prendre. Lorsque vous envisagez le pire, il est possible d'utiliser cette technique : séparer une feuille en deux, inscrire à gauche, le pire des scénarios qui pourraient arriver et à droite, le moyen de faire face à des embuches.

Cette technique permet au décideur de constater qu'il est possible de survivre, même au pire. « Lorsqu'on prend une décision, on accepte de prendre un risque puisqu'on ne sait pas toujours quelle est la meilleure solution ». Si on le savait, on n'aurait tout simplement pas de choix à faire. À moins de connaître l'avenir, la réponse s'imposerait avec évidence. Décider c'est à la fois avoir le contrôle sur sa vie tout en acceptant de momentanément le perdre face aux événements avenirs. Décider c'est s'ouvrir aux impondérables de la vie.

4 .d

Savoir décider devant les situations éventuelles de la vie.

« Je ne suis pas le produit des circonstances. Je suis le produit de mes décisions. »

- *Dans le cadre des activités courantes.*

Prendre et mettre en œuvre rapidement des décisions courantes ; Consulter d'autres personnes et rechercher les informations nécessaires pour prendre des décisions, mais ne pas être paralysé par l'analyse, gérer avec confiance des situations claires, faciles à trancher.

Choisir des solutions à partir d'options de rechanges prédéterminées ou d'options connues. Comprendre dans quelles situations une « solution à 80 % » est suffisante et agir en conséquence.

- *Dans des situations ambiguës.*

Reconnaître des données discordantes lorsqu'elles se présentent et déterminer rapidement la manière appropriée pour répondre à cette situation. Prendre des décisions avec jugement : être à l'aise de « faire un saut dans l'inconnu » si l'expérience et les données indiquent une direction logique.

Bien peser les informations disponibles au moment de choisir le meilleur protocole. Gérer de façon autonome des priorités concurrentes et agir de manière à obtenir les résultats souhaités.

- *Sous la pression ou en situation de crise.*

Le décideur devrais avec toutes ces faculté en place, prendre rapidement des décisions judicieuses, même si les informations disponibles sont limitées mais suffisantes pour exercer un bon jugement.

Assumer la responsabilité des résultats, des décisions prises en situation de crise. Prendre la bonne décision rester fidèle à ses valeurs et ne pas se laisser influencer par l'ingérence ou la menace.

Agir promptement et avec confiance quand une situation demande une décision rapide. Garder son sang-froid dans les moments difficiles, en situation de crise ou sous la pression, et agir avec fermeté pour résoudre des questions. Décider fermement quels projets et activités doivent être réalisés, même si ce n'est pas facile ou sils n'ont pas la faveur populaire.

Choisir une réponse appropriée en regardant au-delà de l'évidence et du superficiel, en faisant appel à l'observation plutôt qu'à l'émotion. Prendre des décisions dans des situations ambiguës ou risquées, le décideur se doit de mettre en œuvre des décisions dans des situations où les informations sont incomplètes, contradictoires et ambiguës.

Faire un choix raisonné entre des méthodes, des systèmes ou des procédures dans des situations où les lignes directrices sont générales. Mettre en place des idées et des approches qui ajouteront probablement de la valeur, mais qui pourraient ne pas avoir un résultat favorable.

Prendre des décisions, ayant des conséquences importantes qui sont favorables à l'organisation, et sont conformes à ses valeurs humaines et chrétiennes. En fin le décideur doit mettre en place des systèmes pour exercer une surveillance proactive des risques et déterminer les niveaux de risque.

- *Prendre des décisions stratégiques judicieuses dans des situations très ambiguës, au moyen des techniques avancées.*

Le décideur devrait prendre des décisions ayant des conséquences importantes et faire preuve d'un jugement irréprochable prendre des risques en connaissance de cause et prendre des décisions innovantes et créatives dans le cadre de la recherche et de l'adoption de nouvelles approches et stratégies. Prendre et mettre en œuvre des décisions stratégiques fondées sur des principes, de valeur.

Etre champion d'initiatives qui pourraient avoir des retombées importantes malgré la possibilité des conséquences fâcheuses, selon une évaluation des risques et des avantages. Faire un choix raisonné entre des méthodes, des systèmes ou des procédures, en l'absence de lignes directrices.

- *Ayez une vue d'ensemble*

En arrivant à la croisée des chemins, vous faites face à deux voies différentes menant à des destinations différentes. Il est primordial que vous sachiez où vous voulez réellement aller. Personne ne prend vraiment le temps d'y réfléchir. On se contente de naviguer dans les eaux de la vie sans avoir une vision préalable sur la destination que l'on veut atteindre.

Si vous savez où vous voulez aller, il vous sera alors plus facile de choisir votre chemin. Le chemin qui vous rapprochera de votre but. Faites en sorte que chaque pas que vous faites, chaque décision que vous prenez, vous rapprochent du but.

Ne laissez pas les circonstances ou le hasard être maître de votre vie. N'ayez pas peur de prendre du recul, de prendre le temps de voir les choses avec clarté et discernement. Commencez par définir votre but sur le long terme et analyser bien les choix qui s'offrent à vous. Prenez du temps pour vous, visualisez votre avenir, visualisez ce que vous voulez faire, visualiser ce que vous voulez être.

Si vous parvenez à le faire, chaque décision que vous allez prendre vous rapprochera de cette vision. Un jour cette vision deviendra réalité.

- *Évaluez vos chances de réussite*

Affronter l'inconnue sans se préparer est le meilleur moyen d'échouer. L'échec est souvent la conséquence directe du manque de préparation. Une fois que vous aurez défini où vous voulez aller, et avant de choisir quel chemin prendre, commencer par évaluer vos chances de réussite. Identifiez vos forces et vos faiblesses, identifiez les ressources dont vous disposez et les ressources dont vous aurez besoin pour réussir.

Une bonne préparation vous donnera le courage d'affronter les difficultés, que vous allez rencontrer. Une bonne préparation vous donnera confiance en soi, parce que vous savez où aller et vous savez comment faire pour vous y rendre.

Développer l'habitude de ne jamais prendre une décision importante avant d'avoir analysé profondément la situation et avant d'avoir évalué vos chances de réussite. Cependant votre réflexion doit toujours se faire de manière objective. Laissez de côté vos émotions et utilisez votre esprit pour identifier les opportunités qui se cache derrière chaque grande décision.

Ne laissez jamais la peur vous influencer. Avoir le pouvoir de décision signifie que vous êtes libre de choisir votre voie, vous êtes maitre de votre destin. Regardez votre avenir avec courage et détermination, faites vos choix en fonctions de vos rêves et non en fonction de vos peurs de vos doutes.

4. e

Tenir compte du temps.

Le temps est un facteur important dans l'entreprise décisionnelle. En principe tout décideur doit étudier les événements qui se présentent devant lui et faire une projection dans le temps avant de vouloir prendre une décision, question ainsi de savoir à quelle période du temps la décision continuera-t-elle avoir de l'impact ou des effets dans votre vie.

Il toujours important de déterminer et de savoir la période à laquelle votre décision influence votre vie, car une décision peut influencer votre destiné sur une période de 6 mois, 1 ans, 10 ans, et bien plus toute une vie, il ne suffit pas simplement de décider pour calmer sa conscience en outre le décideur doit être conscient et savoir si la décision qu'il prend l'accompagnera dans sa vie.

Une décision concernant le choix d'un homme ou d'une femme au mariage est potentiellement capable d'accompagner le décideur durant une très longue période voir même toute sa vie durant , en revanche une décision qui concerne le choix d'une paire de chaussure à porter durant une journée n'a pas la même porté, elle n'a pas une grande longévité dans le temps que celle qui concerne le mariage.

De plus celui qui veut choisir un partenaire pour le mariage doit être conscient que sa décision l'accompagnera en ayant des effets et de l'influence durant une longue période de sa vie. Il est toujours important au décideur, de savoir si la décision qu'il aimerait prendre va l'engager durant combien de temps dans sa vie.

A savoir plus une décision engage le décideur pendant une longue période dans le temps, autant ladite décision est effectivement capital pour lui et nécessite une façon particulier de faire. Pour se faire il faudrait être remplie de sagesse divine pour être à la hauteur afin de prendre si une bonne décision.

5. SAVOIR DÉCIDER AVEC DIEU

5. a

Le Dieu

De légendaire

Il est certains qu'avec Dieu l'échec n'existe pas puisque même lorsqu'on croirait avoir perdu ou échoué face aux réalités diverses de la vie qui vous arrive, et bien Dieu est capable de tout changer dans peu de temps à votre avantage.

Ceci comme pour dire que l'échec garde son nom et sa nature lorsque nous naviguons tout seul dans le bateaux de la vie car avec Dieu les événements et les réalités qui nous arrivent, peuvent être transformées en autre chose devant lui. Même l'échec se changera en réussite.

Dieu est comme le meilleur joueur de football qui ne rate pas ses occasions et ses opportunités devant le but. Il ne ratera jamais sa cible dans ton entreprise décisionnelle de chaque jour puisque rien ne peut l'échapper sur le planning de ton destin, il est celui qui donne le succès.

Cet ainsi que je l'appelle le Dieu des légendes c'est-à-dire, le seigneur de ceux qui n'échouent pas dans leurs activités, le Dieu des champions ceux qui ont expérimentés des grandes victoires, dans leur marche avec lui. Le monde nous a défini le mot légendaire autrement bien sûr en se basant sur certaine prouesse, de ceux qui influencent l'ère sur la ligne de temps.

En revanche pour nous qui sommes des simples passagers sur cette terre, une légende est un l'homme vaillant, victorieux, brave qui durant toute sa vie à eu Dieu comme un appui dans tous ces multiples combats habituelles.

La vie est un combat et même le royaume de Dieu appartient au vaillant et donc celui qui combat le bon combat, marche dans la sanctification de sorte que son nom soit inscrit dans le grand répertoire de tous les âges qui est le livre de vie. Et bien celui-là est une véritable légende.

Il dommage de constater que même des chrétiens de personnes qui sont de pleins pied dans l'œuvre du seigneur, n'arrive pas à croire que Dieu est capable de donner du succès et de la renommée a ces enfants. Pourtant c'est une chose qui est possible car tout est question d'obéissance a sa parole car il est celui qui s'auto limite par ses principes qui sont sa propre parole.

5. b

Comment réussir da ces décisi avec Dieu

- *Mettre Dieu au centre de ces intérêts.*

Pour qu'un décideur réussisse complètement dans toutes ses décisions, que ce soit la plus simple ou la plus compliquée et bien la toute première de chose à faire serait de mettre Dieu au centre de tout.

Deutéronome 6:

Tu aimeras l'Eternel ton Dieu, de tout ton cœur, de toute ton âme et de toute ta force. Fais de l'Eternel tes délices, et il te donnera ce que ton cœur désire. La bénédiction est une question de priorité, parfois nous pensons pouvoir y arriver sans Dieu.

Nous ne lui demandons pas son avis sur nos décisions, parce que nous savons au fond de nous qu'il ne veut pas que nous allions dans telle ou telle direction dans notre entêtement, nous continuons quand même. Mais ce que nous n'avons pas encore compris c'est que le succès d'une décision et la réussite celle-ci appartient à Dieu et c'est lui seul qui peut les donner à un être humain

Du fait qu'il est la source de toute réussite. A cet effet nous devons éviter de compter que sur nos connaissances, nos relations, nos guides spirituels et notre intelligence pour prendre de bonne décision dans nos vies. Cela doit devenir être clair dans notre pensée : « il n'y a pas de succès sans Dieu ».

- *Grave la parole de Dieu dans son cœur.*

La clef qui permet à un décideur d'avoir accès à toute porte qui lui sera fermé dans son entreprise c'est la parole de Dieu. Regorgé dans plusieurs mystères et principe spirituel qui constituent la charpente pour le monde physique (le monde matériel) dans lequel le décideur vie.

Il est écrit dans la bible : « Sois[33] fort et très courageux. Efforce-toi d'obéir à toute la loi que mon serviteur Moïse ta donnée ne t'éloigne jamais de cette loi. Alors tu réussiras dans tout ce que tu feras. Répète sans cesse les enseignements du livre de la loi, redis-le dans ton cœur jour et nuit. Ainsi tu t'efforceras d'obéir à tout ce qui est écrit. De cette façon, tu mèneras tes projets avec succès et ils réussiront. »

Lorsqu'une entreprise lance un produit sur le marché qu'il s'agisse d'un ordinateur, d'un aspirateur ou d'un meuble, il fournit toujours le mode d'emploi. Si nous ne le suivons pas, nous risquons d'avoir de gros problème avec l'appareil voire même l'endommager ou le casser définitivement. Il en est de même avec notre vie.

Dieu est l'auteur de la réussite et Il nous a donné le mode d'emploi d'une vie de succès, c'est ce qu'on appelle communément la Bible, si nous ne suivons pas les conseils que nous prodigue les saintes écritures, nous risquons d'abîmer notre vie et de finir par mourir dans l'âme. Nous n'avons pas besoin de nous concentrer sur nous-mêmes non. Concentrons-nous sur notre relation avec Dieu et mettons toute notre énergie à pratiquer ce que la Bible nous enseigne et cela nous conduira inévitablement vers le succès.

33 Josué 1,7-8

L'inverse est que, si nous ne mettons pas en pratique les commandements de Dieu, nous aboutirons sans aucun doute à l'échec, la déception et une énorme perte de temps et toutes nos décisions ne seront qu'un moyen de dérouter à petit feux le chemin de notre destin.

- *Etre sage*

L'une des grandes armes qu'un décideur ne devrait pas manque dans sa prise de décision est la sagesse. La sagesse est[34] plus précieuse que les bijoux. On ne peut rien désirer de meilleur. Elle donne une longue vie aux humains, elle leur offre richesse et honneur. En effet la sagesse est l'instrument du succès dans notre entreprise décisionnel. La sagesse nous permet de comprendre Dieu, de comprendre les options qui s'offrent à nous pour devoir prendre une éventuelle décision.

La sagesse c'est la compréhension des choses, comprendre comment les principes de Dieu fonctionnent. Beaucoup d'entre nous sommes bien disposés à vouloir bien faire la chose mais nous manquons de sagesse.

Nous ne comprenons pas bien la Bible et les façons dont Dieu agit dans notre vie et cela nous conduit à prendre les mauvaises décisions et emprunter les mauvais chemins et direction dans nos destiné.

Une des sources de manque de sagesse c'est l'ignorance. D'où encore l'importance que lire et connaître la parole de Dieu. Et donc comment avoir de la sagesse? La réponse est encore et toujours dans la parole de Dieu.

Si quelqu'un parmi [35]vous manque de sagesse, il doit la demander à Dieu, et Dieu lui donnera cette sagesse. En effet Dieu donne à tous généreusement, sans faire de reproches.

- *Veiller sur ces paroles*

Ne pas maîtriser sa langue est un élément dangereux susceptible a désorienté un décideur.

[34] Prov 3:15-16
[35] Jacques 1 :5

Quelqu'un qui surveille[36] ses paroles protège sa vie. Mais celui qui dit n'importe quoi court à sa perte. Les paroles peuvent être[37] source de vie ou de mort. Qui aime parler doit en accepter les conséquences. Ce point découle du précédent. Ce que nous pensons finit par se manifester dans nos paroles.

Dans Genèse, nous voyons la création du monde. Et le verset le plus connu est: « Dieu dit[38] que la lumière soit et la lumière fut ». En continuant à lire le chapitre vous verrez que Dieu a créé le monde entier par une parole audible.

Nous comprenons alors que la puissance de Dieu se trouve dans sa parole. Il en est de même pour nous, notre capacité de créer se trouve dans notre parole. Nos mots lorsqu'ils sont lancés, produiront des résultats à court, moyen ou long terme. Quelle réaction avez-vous lorsque vous êtes découragé? Est vous triste? Est vous en colère?

Veillons à toutes nos paroles car beaucoup de moments difficiles que nous traversons, ont été créé par notre bouche et donc un décideur doit faire attention à ses paroles, question de ne pas empirer la situation.

- *Marche dans la foi*

La foi est un élément essentiel qu'un décideur doit avoir dans son cœur, c'est elle qui nous permet de croire en Dieu. Grâce à la foi ils ont [39]conquis des royaumes, exercé la justice, obtenu la réalisation de promesses, fermé la gueule des lions.

En sorte que vous[40] ne vous relâchiez point, et que vous imitiez ceux qui, par la foi et la persévérance, héritent des promesses. La foi est une usine à production miraculeuse. Elle s'oppose à tout ce qui est compréhensible. C'est pourquoi elle est la seule à produire les résultats de Dieu.

36 Prov 13,3
37 Prov 18 :21

38 Genèse 1 :3
39 Hébreux 11:33

40 Hébreux 6:12

Il y a trois types de vie : la mauvaise vie est le lot des rebelles, la bonne vie est réservée au chrétien et la vie surnaturelle qui est le résultat d'un esprit plein de foi. Si nous voulons une vie supérieure, de bénédictions, nous devons cultiver une foi supérieure tout le jour de notre vie.

- *Se débarrasser de toute trace d'orgueil*

Notre Dieu est celui qui résiste aux orgueilleux, tu te dois d'être humble afin de ne pas s'éloigner de Dieu. L'orgueil [41]conduit à l'humiliation. Pour accéder aux honneurs, il faut avoir l'esprit humble.

L'orgueil produit[42] de grands malheurs, le mépris des autres entraîne la chute. Et surtout croire qu'ont capable de prendre de bonne décision tout seul durant sa vie sans l'aide de Dieu.

Cela est un véritable blasphème aux yeux de Dieu. Lhomme ne dépend pas totalement de lui-même, Dieu est son guide, il encadre la vie de l'homme. Dieu déteste le péché et aucun péché n'est pire qu'un autre que cela soit clair. Mais certains péchés, notamment la débauche sexuelle et l'orgueil, ont des conséquences beaucoup plus graves sur notre vie.

Dieu ne fait aucun mystère, sur le sort des personnes qui persistent dans leur orgueil : humiliation et grands malheurs. Alors si nous sommes intelligents, courrons vers lui pour qu'il nous débarrasse de ce cancer spirituel qu'est l'orgueil avant qu'il ne se généralise et ne finisse par nous détruire complètement.

Et donc Dieu est notre coach il connaît le temps et la circonstance il sait lire les événements puisqu'il a tout crée, et d'ailleurs il a le plan du destin de tout décideur dans ses mains, il sait tout sur lui, avant même que celui-ci cherche à prendre une éventuelle décision.

Prendre une décision est quelque chose destinée à tout le monde. En revanche bien décider est une chose réservée seulement à ceux qui marchent avec le grand coach qui est Dieu. Ceux-là savent lire les événements et circonstance, par la lumière du sainte esprit pour mieux prendre de bonnes décisions, et

---

41 Prov 29:23
42 Prov 16:18

donc le secret pour mieux décider est le simple fait d'associer Dieu dans toute son entreprise décisionnelle, de l'initiative jusqu'à la décision dite.

Joindre le Dieu de légendaire dans sa prise de décision c'est totalement réduire la probabilité de mal décider à zéro et c'est là même l'objectif. Chose à souligner, la présence de Dieu au près du décideur ne subroge pas le décideur dans ses responsabilités décisionnelles, Dieu n'est qu'un coach qui guide le décideur à aboutir vers un bon résultat dans son entreprise décisionnel de tout le jour.

5. b

Associe dans Dieu dans nos décisions.

Dieu dit a Jérémie [43]qu'avant que je tueuse forme je te connaissais. Le seigneur voulais faire comprendre à Jérémie qu'il était totalement et suffisamment informé sur la vie entière de Jérémie, comme pour lui dire: « rien ajouté je connais tout sur toi. »

Ainsi se ne pas a un décideur de tenir Dieu au courant lui qui est sensé connaitre en détail la situation dans laquelle les décideurs se trouve.

Entrons dans la science informatique toute en considérant toute la performance actuelle, Dieu est comme un server qui contient tous les données et information sur la tournée d'un décideur.

Et ceux qui se connecter au server sont ceux qui sont véritable à la page puisqu'ils peuvent être suffisamment informé sur le planning entier de leur destiné.

Quoi de plus normal de devoir consulter celui qui détient le plan de ta vie pour t'aider à prendre de bonne décision, dans cette perspective Dieu devient la référence principal comme un GPS à qui tout décideur devrais se référé avant de faire quoi que ce soit.

43 Jérémie 1-5

Et donc écarté Dieu dans ce décision est même le début de l'échec dans toute ces prise de décision.

- *Avec Dieu décidé plus facilement et surement.*

Dieu a toujours simplifié la tâche à ceux qui se confie en lui de la même manière qu'un père de ce monde chercherait toujours premièrement l'intérêt de ces enfants toute le facilitant la chose dans la guette de leur vie.

La facilité consiste en ce qu'un décideur qui se confie en Dieu trouve dans son Cœur de chemin tout[44] tracé, des choix bien défini et claire, des idées richissime déposé déjà au fond de lui ainsi pouvant l'aide à mieux décide.

Trouve des chemins tout tracé signifie également qu'un travailler de supplications a déjà était accompli par Dieu lui-même conséquemment le décideur ne fournir rien comme effort si se ne prendre une décision car se Dieu lui-même qui trace ce chemin tout tracé dans le Cœur du décideur question de lui faciliter la prise de décision.

- *Décidé en toute responsabilité*

Dieu veut que nous devenions de très bon décideur en prenant des décisions responsables. Ainsi Dieu nous donne sont Saint Esprit pour nous guide, bien plus raison pour quel il nous donné sa Parole pour quelles nous servent de référence, il a établi la famille cellule de base de toute société pour que déjà de le bas âge les enfants tiennent compte de l'avis des parents pour être unicité a la prise de décision.

Il a donné l'Eglise de pouvoir prêcher l'évangile et manifester des dons de sagesse et d'exhortation afin d'accompagner les fidèles à être responsable. Dieu enfin a donné la prière pour que nous puissions lui demander comme devenir un bon décideur pour prendre décision responsable.

- *Prions ensemble*

« Seigneur, aidez-moi à faire le bon choix en tenant compte de tout ce que tu as mis en moi comme potentialité, et surtout à me soumettant à ta volonté. »

---

44 Psaume 84-5

Notre créateur veut que nous soyons des véritables décideurs tout responsable Quel père accepterait que son fils majeur vienne sans arrêt lui dire: « Dis-moi ce que je dois faire. Il faut viser « l'état d'homme accompli dont le jugement est exercé par l'usage à discerner ce qui est bien et ce qui est mal. »Il n'y a pas de liberté chrétienne sans choix [45]responsables, nous ne sommes pas des automates.

6. LE RENOUVELLEMENT DE L'INTELLIGENCE DU DÉCIDEUR

En tant que chrétiens nous devons prendre de décision en fonction de la sagesse et de l'intelligence d'en haut celle qui est renouvelée et non celle d'en bas qui est naturelle. L'intelligence nature ne permettra pas à un décideur aller si loin et même de comprend les circonstances qui s'impose devant lui dans son entreprise décisionnelle habituelle.

Tout la distinction se trouve dans le faite que lorsqu'on a pas une intelligence renouveler on décide dans l'intérêt ultime de plaire à Dieu dans nos décision puisque Jésus-Christ vie en moi je dois prendre tout décision en fonction de sa présence dans ma vie , et seul un renouvellement éventuel de l'intelligence qui pourrait nous donne une telle compréhension de chose.

L'intelligence renouveler est l'outillage majeure que doit avoir un décideur puisque ce par elle qu'il saura décerné la volonté de Dieu dans toute ce décision, par conséquent cette intelligence viens pour augmenter a élevé la compréhension de chose du décideur ainsi pendant que tout le monde verra totalement le mauvais cote de chose dans une circonstance donné et bien un décideur dont l'intelligence est renouvelé seras aptes de voir la lumière le bon côté de cette circonstance.

---

[42] Hébreux 5.13

La nature est belle, elle change au fil des saisons, elle est toujours belle. Dieu la créée pour l'homme. Ainsi la beauté de la vie se manifeste lorsqu'un homme se décide de se débarrasser de ses vieilles mauvaises habitudes pour se revêtir de nouvelles et de « bonnes comme une chenille qui se transforme en papillon » en s'attachant à la Parole de Dieu jour après jour. « Ne vous conformez[46] pas au siècle présent, mais soyez transformé »

Métamorphosé par le renouvellement de l'intelligence, afin que vous discerniez quelle est la volonté de Dieu, ce qui est bon, agréable et parfait ». Renouvellement égale a remplacement de ce qui est altéré, usé par un neuf Intelligence égale entendement, ce que la Parole de Dieu appelle le cœur.

En d'autres termes : Le remplacement de tout ce qui est usé ou altéré dans notre cœur croyant, nous permet à chaque fois d'ouvrir les portes qui nous donnent la possibilité d'accéder et de vivre ce que la Parole de Dieu dit à notre propos.

Descartes, dans le contexte de son doute méthodique a dit : « Je pense, donc je suis ». Je suppose qu'il n'imaginait pas que cette petite phrase pouvait aussi signifier ce que dit le livre des Proverbes : « Car il est [47]tel que sont les pensées dans son âme »

En d'autres termes, « je suis ce que je pense », ou ce que je pense détermine ce que je suis «. Parlant des païens, Paul dit : les païens, qui marchent selon la vanité de leurs pensées.

Ils ont l'intelligence obscurcie, ils sont étrangers à la vie de Dieu » et il décrit ensuite leur manière [48]de vivre, résultat de ce qu'ils sont ,Renouveler son intelligence se également vivre conformément à la vérité qui est en Jésus, c'est en lui que nous avons été instruits à nous dépouiller, eu égard à notre vie passée, du vieil homme qui se corrompt par les convoitises trompeuses, à être renouvelés dans l'esprit de notre intelligence, et à revêtir l'homme nouveau,

46 Romains 12 : 2
47 Pr. 23.7
48 Ex. 4.17-18

créé selon Dieu dans une justice et une sainteté[49] que produit la vérité. A ce propos tout décideur devrais se détacher de son vieux homme incapable de l'aidé a bien décidé, vivre et entreprendre de décision selon le nouvel homme reçu par la nouvelle naissance en Christ pour ainsi être à la hauteur dans tout la décision.

L'homme naturel fait ce qui lui plaît, sans chercher à connaître la Volonté de DIEU et l'accomplir. Cependant, en DIEU résident la Sagesse et la Puissance ; le Conseil et l'Intelligence [50]lui appartiennent, atteste.

Les décideurs qui sont conduits par L'ESPRIT DE DIEU, incarne et révèle ainsi la sagesse, chose qui est censé être le commencement de la crainte de l'éternel ; et la science des saints, c'est l'intelligence, déclare, Dans l'intérêt de bien décidé tout décideur devrais acquérir une pensées saines renouveler [51]dans une l'intelligence d'eau qui nous vient du saint Esprit.

Afin de garder nos cœur[52] plus que tout autre chose, selon. Car c'est le cœur qui fournit au décideur les aspirations sous le quel sa décision devrais être fondé avant de décider. Les bonnes et les mauvaises pensées viennent toujours du Cœur exemple: les meurtres, les adultères, les impudicités, les vols, les faux témoignages, et les calomnies.

Le nouvel homme revêtir d'une intelligence renouveler dont les décideurs doit absolument recherche, est produit par DIEU dans une justice et une sainteté issue de la vérité qui est la parole de Dieu. C'est grâce au renouvellement de l'intelligence qu'un décideur aura la maîtrise de soi.

Par exemple, en faisant ses courses, il n'achètera pas tout ce qui lui est agréable à la vue, « il n'achètera pas de vêtements malsain prêt a exposé le Corp. qui est le temple du saint Esprit », Et bien plus à l'antipode il ne se décidera pas de sortir avec un homme ou une femme déjà marié.

Bien au contraire le décideur étant encore sous la mouvance de l'homme naturel dont l'intelligence ne pas encore renouveler qui est susceptible d'être emporté par la séduction issus de sorte des conformisme de ces siècle.

---

49 Ex. 4.21-24
50 Job 12:13
51 Prov 9:10
52 Prov 4:23

Partant du faite que si je vis, ce n'est plus moi qui vit, c'est CHRIST qui vit en moi, rien dans le destin d'un décideur ne peut être fait par son intelligence naturelle, en revanche le tout doit être entrepris par l'intelligence renouveler par celui qui véritablement vie en nous depuis la nouvelle naissance en Christ.

7 .LA PLUS DESICION QU'UN DESIDEUR DOIT PRENDRE

La plus grande et la plus importante de décision qu'un décideur devrait prendre dans sa vie, c'est accepter Jésus-Christ comme seigneur et sauveur. Prendre cette décision et en fait une invitation que le décideur envoie à son géniteur d'entrer de sa vie et la diriger.

C'est la plus grande des décisions à prendre dans la vie, accepter jésus -Christ comme seigneur et sauveur qui garantit la vie éternelle. Voici un guide échelonné qui sera pour toi une véritable occasion, que Dieu te donne de recevoir Jésus-Christ comme seigneur et sauveur dans ta vie.

- *Comment accepter Jésus dans sa vie*

La parole de Dieu dit, qu'il n'y a qu'une seule voie menant au Paradis. Jésus a dit : « Je suis le chemin, la vérité [53]et la vie. Nul ne vient au Père que par moi » Cette voie consiste à accepter Jésus-Christ comme notre Seigneur et notre Sauveur et à suivre les plans que Dieu a élaborés pour nous, selon la Bible.

L'œuvre de Dieu ne peut suffire à vous sauver. Seule la foi en Jésus peut vous sauver. « Car c'est par la grâce que vous êtes sauvés, par le moyen de la foi. Et cela ne vient pas de vous, c'est Dieu. Ce n'est point par nos [54]œuvres, afin que personne ne se glorifie ».

53 Jean 14 : 6
54 Éphésiens 2 : 8-9

- *Croire en Jésus-Christ*

Croyez en Jésus-Christ dès maintenant étant donné que les secondes qui suivent ne vous appartiennent pas.

Alors rien que pour vous voici la marche à suivre. Admettez vos péchés et demandez l'aide de Dieu. Car tous ont péché [55]et sont privés de la gloire de Dieu, C'est pourquoi, comme par un seul homme le péché est entré dans le monde et par le péché la mort. Et qu'ainsi la mort s'est étendue sur tous les hommes, parce que tous ont péché.

Si nous disons que nous[56] n'avons pas péché, nous le faisons menteur et sa parole[57] n'est point en nous. Acceptez de changer et de tourner le dos au péché (de vous repentir). Jésus a dit : « Non, je vous le dis [58]mais si vous ne vous repentez, vous périrez tous également » .Comprenez que Jésus-Christ est mort pour vos péchés. Il a été enterré et est revenu d'entre les morts.

« Car Dieu a tant aimé le monde[59] qu'il a donné son Fils unique, afin que quiconque croit en lui ne périsse point, mais qu'il ait la vie éternelle » « Mais Dieu[60] prouve son amour envers nous, en ce que, lorsque nous étions encore des pécheurs, Christ est mort pour nous ».

« Si tu confesses de ta bouche le Seigneur Jésus et si tu crois dans ton cœur que Dieu l'a ressuscité des morts, tu seras sauvé ». À travers la prière, invitez Jésus

Dans votre cœur. C'est votre Seigneur et votre Sauveur. « Car c'est en croyant du cœur qu'on parvient à la justice et c'est en[61] confessant de la bouche qu'on parvient au salut ». « Car quiconque invoquera le nom [62]du Seigneur sera sauvé ».

55 Romains 3 : 23
56 Romains 5 : 12
57 1 Jean 1 : 10
58 Luc 13 : 5
59 Romains 5 : 8
60 Romains 10 : 9
61 Romains 10 : 10
62 Romains 10 : 13

- *Prions ensemble*

« Dieu tout puissant, moi qui [63]suis un pécheur, j'ai besoin de Ton pardon. Je crois que Jésus-Christ a fait couler son sang et est mort pour mes péchés. Je veux changer et me détourner du péché. J'invite Jésus-Christ dans mon cœur et dans ma vie comme mon Sauveur. Et à tous ceux qui l'ont reçue, à ceux qui croient en son nom, il leur a donné le pouvoir de devenir enfants de Dieu ».

Amen

« Si quelqu'un est en Christ, il est une [64]nouvelle créature. Les choses anciennes sont passées. Voici toutes choses sont devenues nouvelles ». Acceptez Jésus-Christ comme votre Sauveur et agissez en bon chrétien. Lisez la Bible chaque jour pour vous rapprocher du Christ. Lisez la Bible qui est votre guide et outil vers la bonté et la voie vers la vie éternelle. Si vous vous posez des questions, demandez de l'aide à un responsable de votre Église.

« Efforce-toi de te présenter devant Dieu comme un homme éprouvé, un ouvrier qui n'a point à rougir, qui dispense droitement[65] la parole de la vérité » « Ta parole est une lampe à mes [66]pieds, et une lumière sur mon sentier » Adressez-vous à Dieu chaque jour par la prière.

« Tout ce que vous [67]demanderez avec foi par la prière, vous le recevrez »

« Ne vous inquiétez de rien, mais en [68]toute chose faites connaitre vos besoins à Dieu par des prières et des supplications, avec des Actions de grâces ».

« Mais tous n'ont pas obéi à la bonne nouvelle. Esaïe dit : Seigneur, qui a cru à notre prédication ? »

« Ainsi la foi vient de ce qu'on entend, et ce [69]qu'on entend vient de la parole de Christ ».

---

63 Jean 1 : 12
64 2 Corinthiens 5 : 17
65 2 Timothée 2 : 15
66 Psaume 119 : 105
67 Matthieu 21 : 22
68 Philippines 4 : 6
69 Romains 10 : 17

- *Acceptez le Baptême, le culte et l'adoration.*

Servez le Seigneur avec tous les frères et sœurs en Christ dans une Église où l'on prêche la foi dans le Christ, où l'autorité est fondée sur la parole de Dieu.

« Allez, faites de toutes[70] les nations des disciples, les baptisant au nom du Père, du Fils et du Saint-Esprit ».

« N'abandonnons pas[71] l'assemblée, comme c'est la coutume de quelques-uns, mais exhortons-nous réciproquement, et cela d'autant plus [72]que vous voyez s'approcher le jour »

« Toute Écriture est inspirée [73]de Dieu et utile pour enseigner, pour convaincre, pour corriger, pour instruire dans la justice »

- *Faites connaitre la parole du Christ.*

« Puis il leur dit : allez dans le monde [74]entier. Proclamez l'Évangile à toute la création »

« Si j'annonce l'Évangile, ce n'est pas pour moi un sujet de gloire, car la nécessité m'en est imposée, et malheur à moi si je n'annonce pas l'Évangile ! »

« Car je n'ai point honte de [75]l'Évangile : c'est une puissance de Dieu pour le salut de quiconque croit, du Juif premièrement, puis du Grec

- *Apprenez-en davantage sur Jésus.*

Prenez conscience qu'il est mort et est revenu d'entre les morts. Priez pour que le seul et l'unique Dieu vous accorde Son pardon.

Dite ceci : Mon Père, je décide de changer, de me détourner du péché et de rejeter toutes mes mauvaises actions.

Je veux vivre selon ta volonté et je te remercie pour tout ce que tu as fait. Que je vive dans ton pardon et que je sois sauvé de mes péchés.

---

70 Matthieu 28 : 19
71 Hébreux 10 : 25
72 Hébreux 10 : 25
73 2 Timothée 3 : 16
74 Marc 16 : 15
75 Romains 1 : 16

Je sais que tu as placé une nouvelle vie en moi. Merci de me faire recevoir le Saint-Esprit au nom de Jésus. Marchez dans la voie de l'amour.

Dites, à qui veut l'entendre que « le Seigneur Jésus-Christ est notre seul et unique médiateur, il le fils de Dieu. Notre Seigneur va sauver tous les croyants, tous les repentants, tous ceux qui suivront sa voie. » Marchez par l'Esprit.

« Suivre Jésus » signifie se rendre aux célébrations Chrétiennes dans lesquelles les chrétiens louent et adorent Dieu. Vous devez vous repentir et être baptisé en signe de son acceptation pour la rémission de vos péchés.

Voici les cinq moyens d'entrer en relation avec Dieu : prier, méditer la Bible, glorifier, adorer et jeuner. Par l'aide de l'Esprit-Saint faites preuve de bonté, pardonnez, faites la paix, établissez des relations d'amour et de fidélité avec d'autres frère et sœur dans la foi.

Ne vous laissez pas submerger par vos émotions, ne jugez pas trop sévèrement les autres ou vous-même, vivez et marchez dans l'esprit de Jésus, dans l'esprit de Dieu, dans la foi, l'espoir et la charité. Vivez par l'Esprit-Saint.

Comme la dit Jésus : « Je leur donne la vie éternelle et ils ne périront jamais et personne ne les ravira de ma main ».

Mais, lorsque vous êtes corrompu (dans votre esprit) par le péché, repentez-vous, demandez pardon à Dieu, acceptez son pardon, acceptez les conséquences de certaines de vos erreurs et continuez à vivre comme l'enfant de Dieu, au nom de Jésus-Christ.

Dieu est le seul véritable juge du bien et du mal. Lamour de Dieu est parfait et éloigne toutes nos peurs. Lisez chaque jour un acte de miracle tiré de la Bible pour augmenter votre foi.

- *Rejoignez une Église évangélique*

Devenez-en membre, d'une église, rejoignez un groupe d'étude biblique afin d'en apprendre plus sur la voie du Seigneur. Tout ira bien : votre destination finale est fixée par le Christ.

Mais si vous faites des erreurs et que vous ressentez de la culpabilité, confessez-vous, repentez-vous et demandez pardon. Corrigez vos erreurs, auprès de vos amis, de vos voisins ou des membres de votre famille. La vie est un processus et personne n'est parfait. Nous faisons tous des erreurs.

Ne vous laissez pas consumer par celles-ci. Ne prenez pas la voie facile, car elle vous mènera vers la cruauté, la destruction et le deuil dans ce monde, et à la mort et à la douleur dans l'au-delà. Suivez la voie du Créateur, du seul Dieu. Choisissez la voie de la vérité, de la récompense suprême dans la vie éternelle.

Table des matières

Printed by Books on Demand GmbH, Norderstedt / Germany